当一匹马遇上心理学

批判性思维的力量

The Horse That Won't
Go Away

Clever Hans, Facilitated Communication,
and the Need for Clear Thinking

［美］托马斯·海森
［美］斯科特·利利菲尔德
［美］苏珊·诺兰 著

王卉 译

华东师范大学出版社
·上海·

图书在版编目(CIP)数据

当一匹马遇上心理学:批判性思维的力量/(美)托马斯·海森,(美)斯科特·利利菲尔德,(美)苏珊·诺兰著;王卉译. —上海:华东师范大学出版社, 2024. -- ISBN 978-7-5760-5368-5

Ⅰ. B80

中国国家版本馆 CIP 数据核字第 2024TX1768 号

The Horse That Won't Go Away
by Thomas Heinzen, Scott Lilienfeld, Susan Nolan
First published in the United States by Worth Publishers
Copyright © 2015 by Worth Publishers
Simplified Chinese translation copyright © East China Normal University Press Ltd., 2025.

All Rights Reserved.

本书英文原版由 Worth Publishers 在美国首次出版。
© 2015 by Worth Publishers

中文简体字版由华东师范大学出版社出版。
© 华东师范大学出版社,2025

版权所有。

上海市版权局著作权合同登记　图字:09-2021-0666 号

当一匹马遇上心理学:批判性思维的力量

著　者	托马斯·海森　斯科特·利利菲尔德　苏珊·诺兰
译　者	王卉
责任编辑	张艺捷
责任校对	杨月莹　时东明
装帧设计	刘怡霖

出版发行	华东师范大学出版社
社　址	上海市中山北路 3663 号　邮编 200062
网　址	www.ecnupress.com.cn
电　话	021-60821666　行政传真 021-62572105
客服电话	021-62865537　门市(邮购)电话 021-62869887
地　址	上海市中山北路 3663 号华东师范大学校内先锋路口
网　店	http://hdsdcbs.tmall.com
印 刷 者	杭州日报报业集团盛元印务有限公司
开　本	787 毫米×1092 毫米　1/16
印　张	7.5
字　数	80 千字
版　次	2025 年 4 月第 1 版
印　次	2025 年 4 月第 1 次
书　号	ISBN 978-7-5760-5368-5
定　价	39.00 元

出 版 人　王　焰

(如发现本版图书有印订质量问题,请寄回本社客服中心调换或电话 021-62865537 联系)

谨以此书献给：

迈克尔·布朗（Michael Brown）
——托马斯·海森

詹姆斯·兰迪（James Randi），不知疲倦、无畏的错误观念消灭者
——斯科特·利利菲尔德

兰科·博杰尼克（Ranko Bojanic）
——苏珊·诺兰

托马斯·海森（Thomas E. Heinzen）是新泽西威廉·帕特森大学的心理学教授。他毕业于洛克福德学院，在奥尔巴尼的纽约州立大学获得了社会心理学博士学位。在出版了他的第一本关于政府中的挫折和创造力的书之后，海森担任了公共政策研究助理，为约翰霍普金斯大学青年英才中心提供咨询，然后开始了他的教学生涯。他创立了威廉·帕特森大学的心理学俱乐部，成立了本科生研究会议，在持续写文章、写书、写剧本、主持通识教学的同时，还获得了各种教学荣誉。海森是东方心理学协会会员，也是老年作家诗集《许多事想与你讲述》的编辑。他目前的研究涉及将游戏设计应用到高等教育中。

斯科特·利利菲尔德（Scott O. Lilienfeld）是佐治亚州埃默里大学的心理学教授。他在康奈尔大学获得学士学位，在明尼苏达大学获得心理学（临床）博士学位。利利菲尔德是《变态心理学》杂志的副主编，精神病态研究学会的会长，以及临床心理学学会的前任会长。他发表过300多篇关于人格和分离障碍、精神分类、心理学谬误、临床心理学循证实践的文章、章节和书籍。作为怀疑论调查委员会的成员和《科学美国人心智》的专栏作家，他是大卫奖的获得者，是临床心理学早期杰出职业贡献奖、应用心理科学杰出职业贡献奖的获奖者。

苏珊·诺兰（Susan A. Nolan）是新泽西州西顿霍尔大学的心理学教授。她毕业于圣十字学院，在西北大学获得心理学博士学位。苏珊研究精神疾病的人际后果和性别影响，她的研究得到了美国国家科学基金会的资助。苏珊曾担任美国心理协会(APA)驻联合国非政府代表5年,也是心理学教学学会多元化与国际关系分会副会长。她是美国东部心理协会(EPA)和APA的会员,同时也是EPA 2014—2015年的主席。

目　录

引言　为什么成为一个批判性思考者很重要 / 001

第一章　聪明的汉斯：永不消失的马 / 007
　　男人和他的使命 / 007
　　小心"专家"意见 / 010
　　大辩论：我们是谁？ / 012
　　"汉斯委员会" / 014
　　爬错了山 / 016
　　清晰的思维就是批判性思维 / 019
　　直觉和心灵感应？ / 023
　　事后解释/因果解释 / 025
　　认知失调的两个案例 / 027
　　信念不一定要消亡 / 029

第二章　聪明的双手：辅助沟通的故事 / 032
　　语音邮件 / 034

"冰箱妈妈"和其他顽固的头脑 / 038
一个惊人奇迹的起源 / 041
辅助沟通的起源和传播 / 045
伟大的解读 / 049
自闭症儿童　成人的主持人 / 056
死灰复燃 / 065
辅助沟通研究所 / 070

第三章　日常生活中的"聪明的汉斯"效应 / 072

一只叫土豆的狗 / 073
毒品嗅探实验室（牧羊犬或小猎犬）/ 074
现身说法项目 / 078
抗药物滥用教育项目 / 079
你的宝宝会阅读 / 082
陌生人绑架儿童案 / 083
妈妈主义 / 088
结语 / 089

术语表 / 092

参考文献 / 100

引言
为什么成为一个批判性思考者很重要

第一条原则是你不应该愚弄自己——你是最容易被愚弄的人。

——理查德·费曼

批判性思维是心理科学的标志。你即将读到的两个故事说明了批判性思维是如何起作用的,以及它为什么如此重要。第一个故事讲的是一位意志坚定的老师,他相信自己可以教一匹普通的马思考。第二个故事关于有沟通障碍的儿童和成人(通常被认为源于自闭症),以及致力于帮助他们的专业人士,这些人相信一种叫做"辅助沟通"的治疗技术。然而,这两个故事实际上都是关乎我们所有人,以及关乎那些我们确信不可能成真的事。这两个故事在历史上和科学史上真实发生过,因此我们有了恰当的视角来观察那些自我欺骗如何悄悄进入生活,并观察清晰、批判性的思维如何让人们恢复理智。

《芝麻街》的一段经典小品讲述了伯特和厄尼的故事,说明了为什么我们对批判性思维的可能性如此热衷:

伯特走近耳朵里插着香蕉的厄尼。

伯特:"为什么香蕉在你耳朵里?"

厄尼:"听着,伯特,我用这根香蕉来驱赶鳄鱼。"

伯特:"鳄鱼吗? 厄尼,芝麻街没有短吻鳄。"

厄尼:"没错! 香蕉真有效,不是吗,伯特?"

不出所料,伯特大吃一惊,因为两点,第一,可以肯定的是,短吻鳄不怕香蕉;第二,比起发现自己的疯狂信念,发现别人的疯狂信念更容易。厄尼认为自己发现了香蕉起效的证据,但厄尼的证据是心理学家所说的**错觉相关**(illusory correlation)——相信一种并不存在的联系。

这种错误的信念有时被称为"**思维漏洞**"(mind bugs),即导致系统性思维错误的小误解。[1]减少错误信念负面影响的最好方法是练习清晰、批判性的思维。"批判性"这个词经常和挑剔联系在一起,但是一个清晰、批判性的思考者,不是那种动不动就挑剔别人的人。事实上,善于批判性思考的人比其他人更不容易对理性充分的想法吹毛求疵。相反,批判性思考者会养成三个习惯:合理的怀疑,承认错误的谦逊,以及面对专家和大众意见时独立思考的勇气。例如,在一个可能性的矩阵中,想象各种可能的结果,伯特可以用它来帮助厄尼看到,他所感知的相关性是一种错觉。

鳄鱼和香蕉	没有鳄鱼	有鳄鱼
耳朵里面有驱赶鳄鱼的香蕉	芝麻街剧集中,厄尼耳朵带着香蕉所观察到的	厄尼去艾佛格雷泽大沼泽可能尝试和观察到的
耳朵里面没有驱赶鳄鱼的香蕉	厄尼在所有其他剧集中所忽略的	厄尼耳朵里没有香蕉的时候,去艾佛格雷泽大沼泽可能观察到的

厄尼只注意到矩阵中的阴影框,忽略了其他三种可能性。当然,厄尼是一个虚构的人物;当然,聪明的人类不会这样想——或者,他们会这样想吗?在回答这一问题前,让我们先来思考一下这本书的作者之一苏珊,在飓风逼近的时候所做的准备。

苏珊相信,当狂风吹到窗户的时候用交错的胶带贴满窗棂,可以防止玻璃碎片散落到家里,所以她常常用胶带封窗户。她认为胶带甚至可以使窗户更坚固,更不容易破碎。

这个策略似乎奏效了。每次她在窗户上玩"胶带井字游戏",玻璃都完好无损地度过了飓风。她的信念得到了证实,胶带对她和她的邻居都起了保护作用,因此,用胶带封住窗户和安全度过飓风之间可能存在着性命攸关的联系。但是,苏珊对胶带预防措施的信心——不像她的窗户——在2011年被粉碎了,当时她在一个新闻节目中看到了反对使用胶带这种方式的警告。

直到那时,她才在美国国家气象局(NWS)的网站上做了一点进一步的知识学习。她了解到,国家气象局警告,用胶带粘住的窗户实际上会增加伤人的风险,因为胶带粘的玻璃碎片往往更大,大风中可能成为危险的弹丸。相应地,国家气象局建议飓风途经地区的人们用胶合板或遮风板保护窗户。[2]

那么,苏珊怎么会始终相信这种既错误又危险的办法呢?那是因为,她总是注意到街区用胶带封住的窗户,而且,所有的窗户都完好无损。问题是,苏珊忽略了一点,那就是所有没用胶布封住的窗户也都完好无损。另外,她也很幸运,自家窗户粘上之后,每次飓风的肆虐都能毫发无损。也就是说,她从未经历过危险的、用胶布粘过的窗户破裂成为杀伤性飞行武器的惊悚情况，也没有经历过不粘胶布的窗户也是相对安全的情况。她只关注了"她的经历"，如下图矩阵中的阴影框。就像相信香蕉有驱逐鳄鱼作用的厄尼一样，苏珊也从未质疑过自己对胶带的信念。

窗户	没有破碎	破碎
用胶布粘住	苏珊体验到的安全情况	苏珊体验之外的不安全情况
没有用胶布粘住	苏珊忽略掉的安全情况	苏珊体验之外的相对安全性情况

批判性思考者已经养成了一种思维习惯，当他们听到诸如"我认识三个用特殊磁铁减肥的人"或"我父亲通过吃牛肉干治好了抑郁症"这样的说法时，他们会探索所有的四象限区域。想想那些用了特殊磁铁却没有减肥成功的人，还有那些不用磁铁却减肥成功的人，以及那些没有减肥也不使用磁铁的人。想想那些吃了牛肉干却一直抑郁的人，那些没有吃牛肉干就从抑郁中恢复过来的人，还有那些没有吃牛肉干也没有抑郁的人。批判性思考的习惯可以破除各种各样的思维谬误，这些谬误在我们自己和别人身上常常发生。

当你在"聪明的汉斯"或是辅助沟通的故事中了解批判性思维的作用时，你可能会想，"好吧，我才不会相信那些荒谬的想法"。但这种优越感很可能恰是另一种思维谬误，而且它有一个名字，叫做"非我谬误"（not-me fallacy）。[3]

谬误可能发生在我们所有人身上，包括作者本人。例如，我们可能会认为聪明的汉斯的案例和辅助沟通之间存在一种虚幻的关联，从而成为受害者。我们对过去的看法被我们现在的经历所影响,历史学家称之为"存在主义"(presentism),类似于心理学家所说的"事后偏误"(hindsight bias)。想象一个没有批判性思维的世界:任何人都不会改变他或她的想法。当科学家冒着风险,将方法、工具教给人们,并对人们运用过程中的错误提出疑问时,人们的知识才会增长。

我们需要批判性地思考美德和缺点。例如,本书中两个故事——聪明的汉斯和辅助沟通的故事——最显著的相似之处之一是笃信者的真诚。无论是那匹"特殊的马"的主人,威廉·冯·奥斯滕(Wilhelm von Osten),还是才华横溢、充满激情的残疾人权益倡导者,道格拉斯·比克伦(Douglas Biklen)教授,他们似乎都有着崇高的意图,并被有价值的事业(动物权利和残疾人尊严)所激励。聪明的汉斯和与辅助沟通也有着相似的背景。两个故事的主角在故事开始时都名不见经传,但随着时间的推进,却都在社交领域掀起了一场风暴。在科学界有机会仔细考量故事主角的主张之前,他们都受到了草率又热情的新闻报道,并进行了生动、有趣、鼓舞人心的公众演示。倡导者都渴望得到专家的证实,并寻求科学认可。当科学无法予以认可时,马主人奥斯滕和比克伦教授都发明了越来越牵强的说辞,来解释为什么科学的判断必然是错的。而当他们观点中明显的缺陷被揭露出来时,他们的拥护者却宁愿视而不见。

就连他们的技巧,也有着惊人的相似。聪明的汉斯被训练用蹄子敲打地面;有自闭症和其他残疾的人被指导用手指在字母板上敲击。奥斯滕和追随者都确信,他们在控制实验对象的动作方面没有任何刻意——尽管科学明确地证明事实并非如此。聪明的汉斯和辅助沟通计划都是

"哇!"的事件,凭直觉就能令人信服——当真相就在眼前时,谁还需要科学证据?

批判性思维的好处远比伯特、厄尼和香蕉重要;它的社会效益远远超出了在暴风雨中保护人们免受飞来玻璃的伤害。我们需要成为清醒的批判性思考者,因为当我们人类犯思维错误时,它们有时有很大的影响,比如将数十亿美元浪费在错误的想法、虚假的药物、糟糕的商业决策和不起作用的社会干预上面。

聪明的汉斯和辅助沟通的故事,虽然可能会令人感到不安,但证明了心理学如何能帮助我们认识以及对抗类似的问题。在这方面,我们的书是一个关于希望的故事。它告诉我们,科学虽然远非完美,但终究是我们避免被愚弄、避免在不知情的情况下愚弄他人的最佳保障。我们写这本书的目的,就是让公众能够接触到心理学,并帮助人们将其应用到日常生活中。

第一章
聪明的汉斯：永不消失的马

> 人只会相信自己愿意相信的事实。
>
> ——弗朗西斯·培根(1561—1626)

有些故事需要向每一代人复述。"聪明的汉斯"的故事，那匹永不消失的马，就是其中之一。

当日历从19世纪翻到20世纪的100周年纪念日，一位名叫威廉·冯·奥斯滕的退休校长正在开展一个项目：教他的马思考。此项目赋予了他的生命一种特殊的意义。在这样一个地方进行如此重大的研究，实在是太奇怪了：奥斯滕一个人住在德国柏林格里本诺街一套公寓的五楼。这间公寓俯瞰着一个小而衰败的院子，那里养着他的马，聪明的汉斯。[1] 没有什么重要人物知道他在做什么，其他人似乎也不关心。

男人和他的使命

邻居们可能认为奥斯滕是这一带的疯子；当他牵着马站在一张桌子、一块黑板或一排彩色围巾前时，他们会探出窗户，嘲笑这位上年纪的单身汉。奥斯滕则直接向聪明的汉斯提问,他通常就站在马的右眼的后面。那匹俄国小矮脚马似乎在回答这些问题,它摇着大脑袋,用嘴叼起五颜六色的围巾,并用爪子刨地。屋顶上的小男孩们一边看着这位穿长外套、戴着软呢帽的大胡子绅士,一边开着玩笑。但是,就像所有伟大的梦想家一样,奥斯滕从不轻易退缩。几年后,当著名的骑术大师佐贝尔少将大步走进他们的院子时,这些邻居们大概再也笑不出了。在佐贝尔来访之后,没过多久,这位"疯狂"的"校长"和他的马就被采访、拍照,并在世界各地的报纸上被讨论。为什么?因为科学家、驯马师和观众似乎都证实了奥斯滕一直在告诉人们的事情:他真的教会了他的马思考。

一些批评家指控奥斯滕欺诈,尽管他有种种缺点(其中包括顽固,我们将会看到),但是这位校长还是一个值得尊敬的人。他本可以收一大笔钱来展示"聪明的汉斯",但他从来没有这样做过。他允许别人和他的马一起进行实验合作。不过他经常干涉他们的实验——尤其是当这些实验结果不像他所预期的那样时。他对他的马,信心是坚定的,也是真诚的。

威廉·冯·奥斯滕大概是数学老师。他被描述为"头脑古怪……充满了各种理论"。[2] 他甚至保存了一匹更早的马(也叫汉斯)的头骨,因为他相信所谓的颅相学(phrenology)(通过分析头部来检测心理特征)总有一天会证实前汉斯的智力。

然而,在某一时刻,奥斯滕一定感到泄气了,因为他在民用和军用报纸上同时登出一则不同寻常的广告,出售一匹7岁的种马,这匹马能分辨十种颜色,还知道四种算术规则。[3] 然而这则不同寻常的广告可能并没有得到回应,因为一年后,一则较小的广告出现了,这次是邀请读者免费观看马的智力展示。

奥斯滕希望聪明的汉斯的展示能成为自己对科学的巨大贡献——的确如此,但不是以他所预期的方式。相反,他为后代树立了不思考的榜样,特别是典型的**"确认偏误"**(confirmation bias)的危险:一种只关注那些自己已经相信的信息的倾向。

我们思维中的系统性错误有时被称为"思维漏洞",而确认偏误似乎是思维漏洞中最常见的形式之一。例如,奥斯滕一开始就真诚地相信聪明的汉斯可以像人类一样思考,所以他只看到了支持他的信念的证据。"如果我的马在街道上走一个大弧线,以便转到另一边的入口",他推论道,"那么就必须有一个'能够被训练的自主思维过程'。"[4] 确认偏误也利用了我们最深层次的愿望,聪明的汉斯赋予了奥斯滕生命的最后篇章以新的意义。他是一个没有什么朋友的知识分子,有一辈子教数学的经验,并且有为科学作出持久贡献的强烈愿望。此外,确认偏误几乎不给人留下怀疑的余地。历史纪录表明,奥斯滕只经历过一次对聪明汉斯的怀疑,持续时间不到 24 小时。确认偏误带给了他自信心,所以奥斯滕出了名后,他选择拒绝了一个每月付给他 3 万到 6 万马克(相当于今天的 10 万美元)的杂耍公司的邀约。1904 年初夏,当佐贝尔将军对最后一则广告作出回应时,这意味着一位公认的专家正在证实他的非凡主张。奥斯滕老校长那原本濒临破碎的梦想终于要实现了。

"那又怎样?"你可能会对自己说。"我知道我的狗会思考,因为它会提前计划如何从桌子上偷食物——甚至当被抓住时,它似乎会感到某种形式的羞愧。我也知道我的猫在思考;我只是不确定我的猫在想什么。"但是聪明的汉斯却让 20 世纪初的德国人大吃一惊。

小心"专家"意见

如果奥斯滕没有在军队报纸上投放他的第二则较小的广告,历史很可能会忽略"聪明的汉斯",但这则广告引起了退休少将佐贝尔的注意。佐贝尔少将的意见很重要,因为他是著名的关于马的权威人士。马之所以重要是因为"聪明的汉斯"出现在第一次世界大战前的激动人心的十年里。汽车刚开始普及,莱特兄弟的飞机才飞了 120 英尺,那时还没有人想象过从飞行器上投炸弹,或是建造装甲坦克,以及使用氯气和芥子气作为武器。一支一流的骑兵仍被认为是一个国家军事实力的必要条件。[5]

因此,谁又能确定"聪明的汉斯"不是奥斯滕所说的那样呢?佐贝尔将军这样的权威人士是有说服力的。如果眼见为实,那么聪明的汉斯似乎已经足够真实。这匹马能准确地敲出"在场的绅士中有多少人戴着草帽"的答案,还省略了女士们戴草帽的数量。[6] 它数得清远处建筑物的窗户有多少扇,在屋顶上玩耍的孩子有多少个。这匹马甚至能计算出德国硬币的价值。

当然,这些智力的表现都可能是诡计,但那些微妙的、直观的细节一定让佐贝尔将军印象深刻。例如,任何人都可以直接走到汉斯面前,问这样的问题:"2/5+1/2 等于多少?"聪明的汉斯会敲出一声 9,再敲出分母 10。聪明的汉斯还能计算平方根,并敲出 28 的因数:1,2,4,7,14,28。它把年历记在脑子里,记得见过的大多数人的名字,还能从照片上认出人来——即使照片是几年前拍的,"只有一点相似"。[7] 聪明的汉斯也有完美的音高和清晰的音程感,它可以用蹄子轻拍来指出要去掉哪个音来解决一个不和谐的和弦。比起 1900 年左右流行的现代曲调,它更喜欢 19 世纪的老式音乐。

在观察了聪明的汉斯之后,佐贝尔将军的专家直觉肯定受到了确认偏误的影响,因为他在柏林一家日报的增刊上发表了他的观察结果。人们可以想象,在格里本诺街那座阴森的院子周围的公寓里,流言蜚语是如何流传的。"佐贝尔将军来过这里?在我们的院子里!佐贝尔将军去见奥斯滕?!"将军来访后不久,一位公爵出现在格里本诺街的院子里,后面跟着高级军官、科学家,还有更多的仰慕者。那些曾经嘲笑他的邻居向记者证实,是的,奥斯滕在四年的时间里,日复一日,每时每刻都把他的马当作人类的学生对待。每天都有很多的专家来到这里:博学家和非洲探险家施魏因弗斯教授、动物学家海因罗斯博士、沙富博士和莫别斯博士,还有另一位受人尊敬的骑手,舍恩贝克少校。

当然,当时没有互联网来传播消息,但佐贝尔将军的公开背书已经引起了大量关注。心理学家奥斯卡·方斯特(Oskar Pfungst)很快就成为了"聪明的汉斯"这出戏的关键人物,他观察到"报纸和杂志上出现了大量"关于"聪明的汉斯"的文章。此外也有"流行的打油诗,他的名字被唱上了歌舞杂耍的舞台"。[8] 聪明的汉斯的形象出现在风景明信片和酒标上,以及儿童玩具造型中。这是奥斯滕本可以用他的马的影响换现金的时刻,但奥斯滕只想因自己对科学的持久贡献而得到认可。幸运的是,一位受人尊敬的科学权威即将认可这匹令人惊叹的聪明的汉斯。

席林斯教授是德国著名的印第安纳·琼斯式的动物学家和非洲探险家。他以令人叹服的方式记录下了自己的冒险经历,比如在"不可抗拒的激流漂流"中失去了对小船的控制,在急流下面,"是一群鳄鱼张开大嘴等着迎接我们"。[9]但在这些精彩的生活背后,他是一位科学家。他在夜间拍摄奇异动物的照片,并警告人们对自然界日益严重的破坏,称其为"进步和文明道路上的悲剧"。1904年7月,持怀疑态度的席林斯来到格里本诺街,与聪明的汉斯单独交流。令他惊讶的是,聪明的汉斯对一些即兴提问也提供了正确的答案,而席林斯则向8月在瑞士举行的第六届国际动物学家大会递交了一份充满激情的报告。——聪明的汉斯从一位国际公认的专家那里获得了科学可信度的证明。如果你的信仰会被权威所影响,那么你很可能会相信聪明的汉斯。

大辩论:我们是谁?

然而,在聪明的汉斯获得喝彩的背后,涌动着一股深深的隐忧。这不仅是因为聪明的汉斯似乎在思考,还因为这匹马展现出了惊人的智力和能力,有时还会拿自己的智力开玩笑,以一种有趣的、人性化的方式与观众交谈。例如,一个提问者因为聪明的汉斯敲他的蹄子两次,而不是正确答案需要的三次,而感到沮丧。提问者恼怒地问,"现在你要正确回答了吗?"聪明的汉斯立即摇了摇头,那意思是"没有"。旁观者哈哈大笑。

一匹会思考的马的存在在无形之中对人们产生了威胁,而我们人类对模糊威胁的反应之一,就是拿它们开玩笑。在1984年对汉斯的研究中,哈佛心理学家道奇·费纳德(Dodge Fernald)报告了一个在1904年广为流传的笑话。某位作家给柏林一家报纸写信建议,我们人类可以

"收起我们的智慧,对每匹经过的马车恭敬地脱帽致敬"。近一个世纪后,喜剧演员杰瑞想象了一个地球上的外星人看到一个人遛狗并在狗后面打扫时的想法,到底谁是主人呢?

"聪明的汉斯"的社会戏剧在一个哲学的战场激烈上演,那就是:迷信和科学之间的古老战争。尽管大多数人在讨论聪明的汉斯时可能并不知道他们在争论什么。信仰传统也被卷入了这场冲突中,许多人相信人类注定要管理动物。聪明的汉斯事件的潜台词是,人类是否在造物中占据了特殊的位置。"最终,"卡尔·斯顿普夫(Carl Stumpf)评论道,"寻找了这么久的东西显然找到了。"[10] 这是这场伟大辩论中的哲学痛点:聪明的汉斯威胁到了人类独一无二的高位。

聪明的汉斯也让一些超感官知觉(extrasensory perception, ESP)的信徒感到不安,因为卡尔·斯顿普夫拒绝将超感官知觉作为一种可能的解释。然而,聪明的汉斯让教育工作者(他们相信奥斯滕的教学方法)和达尔文主义者(他们认为汉斯证明了物种之间的连续性)感到高兴。聪明的汉斯还解决了长达几个世纪的关于动物意识的哲学争论:"这匹奇妙的马,"奥斯卡·方斯特写道,"明确地证实了低等动物的理性这个古老的问题……"[11]

"聪明的汉斯"事件也让一个并不隐晦的争论浮出水面:我们是如何知道我们自认为知道的东西的。辩论的一方面是基于对我们直觉的信仰。对许多人来说,聪明的汉斯简直是令人震惊——而许多科学家也和普通大众一样感到眼花缭乱。他们的集体直觉是眼见为实——一种被称为天真现实主义(naïvrealism)的思维漏洞。另一方面则由哲学家卡尔·波普尔爵士的证伪原则(falsification principle)所支撑:有时候眼见为实（believing is seeing）——也就是说，当我们决定去相信某件事时，我们看到的是我们想看到的，而我们想看到的是对我们先入为主的信念的确认。

波普尔的证伪原则就像所谓的电视真人秀节目一样，在所展示的内容背后，其实屏蔽了潜在的恋人和幸存者。但有一个关键的区别，在科学领域，你不能通过投票让真相浮现，也不能只听从某个名人或专家的意见。就像季后赛中最终夺冠的球队一样，科学领域的获胜者是经过多次被称为"实验"的严密操作后仍然站得住的最后一个团队或理论。科学是在这些实验竞赛中发展起来的。

根据波普尔的证伪原则，即使是最可靠的理论——查尔斯·达尔文的自然选择进化论或宇宙起源大爆炸理论——如果能被驳倒，也会被抛弃。

我们人类似乎继承了一种从求证而不是证伪的角度思考问题的潜意识冲动。因此，当1904年的柏林春去夏来，似乎所有来到格里本诺街的专家和观众都一致认为，奥斯滕先生是正确的。这就意味着，许多不同的人和团体可能不得不改变他们的信仰。这就是为什么聪明的汉斯引出了这样一个普遍令人不安的问题：当证据与我们已经相信的东西相矛盾时，我们该怎么办？

"汉斯委员会"

当一些人高呼奥斯滕和席林斯作假时，奥斯滕要求柏林教育委员会召集一个荣誉法庭，作为来审查他的方法。[12] 奥斯滕希望一劳永逸地解决这个问题,而席林斯则要维护自己的科学声誉。奥斯滕想要一个专家小组为他一生的伟大使命盖上科学证实的宏伟印章。令他失望的是,柏林教育委员会选择置身于这场争论之外,但另有一些人渴望进行调查——包括来自心理学这门当时的新科学的卡尔·斯顿普夫教授。一个自愿监督的专家委员会组织成立了,成员如下:

> 保罗·布希,马戏团经理
> 奥托,伯爵
> 格莱博博士,学校董事会成员
> 罗伯特·汉,退休的市立学校教师
> 路德维希·赫克博士,柏林动物园园长
> 海因罗斯博士,柏林动物园的助理
> 理查德博士
> 冯·凯勒,退休少将
> 米斯纳博士,皇家兽医学院助理
> 纳格尔教授,柏林大学生理研究所感觉生理学系主任
> 斯顿教授,柏林心理研究所所长,科学院院士

小组的每个成员都被分配了任务,在奥斯滕向聪明的汉斯提问时,小组成员仔细观察他身体的不同部位。有人观察奥斯滕的头部,另一个人观察他的眼睛或右手、左手,以此类推。马戏团经理布希是唯一的例外,因为他在训练动物方面有更丰富的经验。他选择观察提问者的整体行为,有时还会把注意力转移到观众身上。

聪明的汉斯出色地通过了他们所有的测试。他敲击代表星期几、日期的数字,以及各种算术问题的答案。他甚至拼出了马戏团经理的名字。问问题的是奥斯滕还是席林斯并不重要,聪明的汉斯几乎百分之百准确。

委员会成员一致认为,他们没有看到任何有意诱导回答的信号。但这并不是报纸所报道的结论。1904年10月2日刊登在《纽约时报》(The New York Times)上的标题是根据《伦敦标准报》(The London Standard)上的一篇文章写的:

"聪明的汉斯:专家委员会认定马确实会推理。"

当然,这个非正式的、志愿者组成的委员会并没有得出标题所宣称的结论。那时候和现在一样,科学家和标题作者有不同的目的——前者是检验假设,后者是吸引读者。卡尔的报告和后来关于"聪明的汉斯"的书的介绍都不遗余力地纠正人们对所谓的"汉斯委员会"发现的误解。但关注这个故事的佐贝尔将军、席林斯和整个法庭委员会都认为,聪明的汉斯是会思考的。科学心理学现在仍在进行着同样的斗争。新闻报道、电影和电视剧助长了公众对心理学发现的误解。[13] 如果我们能相信专家、蓝丝带委员会和新闻报道,生活会容易得多,但我们不能。

爬错了山

就像徒步旅行者沿着闪光的标记爬上陡峭的山路一样,奥斯滕这个退休的校长正一步步地引导汉斯进入更高的学习水平。只有一个问题：奥斯滕走错了路。他所有的努力都把他带到了"自我欺骗之山"，而不是"成就之山"的顶端。

以下是冯·奥斯滕一直以来所坚持的事。

这位教师一直让聪明的汉斯吃较少的食物。汉斯总是很饿，所以冯·奥斯滕在教它轻拍蹄子时，用食物作为奖励很容易。一开始，奥斯滕需要弯腰抬起汉斯的蹄子，然后再挺直身子喂它。在奥斯滕的心目中，聪明的汉斯的敲击声是在数数，数数又成了算术。举个例子，奥斯滕在汉斯面前的桌子上放了一个木别针，然后命令他："抬起脚！一！"汉斯刚敲了一下，奥斯滕就转身给聪明的汉斯一些食物。然后是"把脚抬起来！二！"等等。[14] 当他们在算术水平上慢慢进步时，奥斯滕使用了传统的教学方法和设备，如木别针、学校常用的计数机、带数字的图表，以及挂在绳子上的黄铜大数字。在汉斯开始接受数字教育的时候，这种教学方法是缓慢而系统地向最终目标前进：一匹会自己思考的马。

聪明的汉斯起初学得很慢。但后来，奥斯滕说，聪明的汉斯"自己发现了很多东西"。他们深入研究数学的奥秘时，"汉斯不得不为自己开发乘法表"。[15] 奥斯滕把数字的概念和写在黑板上的数字联系起来，用表格将数字组合转化为字母，字母组合成单词，单词组合成想法，想法组合成对话。因此只有一种可能的解释：聪明的汉斯在思考。

其中的小细节尤其具有说服力。聪明的汉斯在需要敲出一个大数字的时候敲得更快，好像急于完成一项枯燥的任务。有时汉斯会用左蹄再敲一次，就像一个感叹号！这匹马似乎和他的主人一样，有着敏感的性格，比如，汉斯不喜欢卡尔·斯顿普夫，有时会咬他。偶尔这匹饥饿的马甚至会咬奥斯滕,或者在院子里狂奔。但它总是主动回来再吃一口食物。奥斯滕相信,聪明的汉斯即使是发脾气也是有道理的,因为学习可能是艰难的和"令马沮丧"的。在奥斯滕老师用"确认偏误"搭建出来的井然有序的世界里,一切现象都是相辅相成的。

而真正的事实是这样的吗?聪明的汉斯琢磨出了两件事:(1)如果自己想吃东西,那么当冯·奥斯滕身体前倾时,它最好开始用蹄子拍打。(2)只有当奥斯滕抬头时,它才能停止敲打,期待食物的到来。奥斯滕在看汉斯的蹄子,而汉斯在看奥斯滕的头。

奥斯滕给他的马发出的信号是非常简单的,但仍然可以支持所有的证据。科学家们试图用最简单的理论来解释事物——这个最简化,一个目标有好几个名字,如简约原则(parsimony)和最小惊讶原则(principle of least astonishment,POLA)。尽可能简单的解释——简单得不能再简单——可以保护我们免受自我欺骗。例如,对奥斯滕来说,身体前倾看汉斯的蹄子,然后抬头喂马似乎是完全自然的。这是一件如此自然的事情,以至于连奥斯滕都没有意识到他是在向汉斯发出信号。前来观看这匹非凡的马的人群也做了同样的事。他们也会问一个问题,身体前倾看汉斯的蹄子,当马敲出正确的数字时,他们会惊讶地向后仰。这是一个纯粹的、自发的自我欺骗的案例。

到了仲夏时节,来到格里本诺街的人群越来越多。但奥斯滕似乎从来没有想过要收钱。的确,在中午时分,任何人都可以走进院子,这时奥斯滕开始了他每天的示范活动。如果奥斯滕被叫走了,参观者就可以直接走到聪明的汉斯面前并问问题。当然,来访者们会向前倾身,目不转睛地盯着汉斯的蹄子,然后惊讶地直起身子。聪明的汉斯在不确定是谁在问问题时,他的算术就不那么可靠了,但每天大约有 40 来个人能从马那里得到正确的答案。有时这种情况会持续到深夜,聪明的汉斯的表现会随着日光阴影的延长而变差。不过,把这些错误归咎于一天工作后的疲劳似乎是合理的。毕竟,这匹马只是——嗯,几乎是人类。威廉·冯·奥斯滕爬错了山,后面还带着很多人。

清晰的思维就是批判性思维

在聪明的汉斯的故事里有一个英雄,他的名字叫奥斯卡·方斯特。虽然卡尔·斯顿普夫设计了一些实验,但是真正繁杂的工作是由斯顿普夫的学生兼同事方斯特在柏林心理研究所完成的。奥斯滕很快就后悔自己不该邀请那两位挖掘真相的学究来到自己的院子里。因为方斯特自己设计了一个基于排除法的验证计划。

举个例子来说,如果你或你认识的人罹患了难以诊断的某种病,你可能熟悉我说的排除法。比如,你可能认为你得了毒葛病,但你的医生说:"我们可以排除毒葛病。因为你的皮疹相当光滑,形状像一个靶子。而毒葛引起的皮疹通常呈条状和红色,有肿块,有时会出现渗液的水泡。我们还不知道你的问题是什么,但可以告诉你问题不可能是什么。"——她或他已经证伪或排除了毒葛假说。

关于聪明的汉斯的诱人假说是心灵感应(或思想转移),西格蒙德·弗洛伊德也认为这种解释很有吸引力。弗洛伊德鼓励他的一个朋友观察这匹马几个星期,然后把它写下来。[16] 如果你让自己的体验成为你的向导,心灵感应就会出现。例如,方斯特注意到,"只要我把注意力集中在这个数字上,他就会迅速做出正确的反应!"[17] 哇!更专注等于更好的沟通。这不正是心灵感应吗?方斯特后来观察到,他所要做的就是"把意识高度集中在想要的答案上"。[18] 再一次哇!听起来确实像心灵感应。"动物总跟随发问者脑子里的想法,"方斯特报告说,"而不跟随发问者的语言。"[19] 这里值得再来一次,哇!

心灵感应甚至可以解释聪明的汉斯的失败:要么是马、要么是人,注意力不够集中,不在相同的"精神波长"上工作。甚至,这匹马也许切换了心灵通道——也可以这么说——与观众中的另一个人产生了心灵感应的连接。奥斯卡·方斯特也承认,"汉斯对我只在心里说出来的问题的反应,就像对我大声说出来的问题一样迅速"。[20] 这难道不是科学证据吗?这难道不是思想传播的一个例子吗?心理之间的神秘交流不就是心理学的真正意义吗?

不。

不。

不。

这不是科学证据。也不是思想传播的证明。它与科学心理学的宗旨完全相反。清晰、批判性的思考需要更多意识的参与,而不是"跟着感觉走"。

方斯特组织了消元法(method of elimination)的实验,因此可以系统地丢掉替代性解释(alternative explanation),这些程序使聪明的汉斯的成功更加纯粹。例如,他竖起了一个巨大的帆布帐篷,以减少视觉干扰,防止好奇的公众带来影响。方斯特还进行了多个版本的相同实验,"为了排除马的答案是偶然的"。[21] 此外,方斯特担心汉斯会因为长时间的交谈而疲惫不堪,而由于疲劳产生的错误,不应被视为马的智力水平的不利证据。因此方斯特设计的实验给了聪明的汉斯最佳的成功土壤和机会。这是一种经典的用科学操作程序防止自我欺骗的方式,虽然不算完美,但却有效。

表1.1 关于聪明的汉斯的全面性思维

聪明的汉斯	不能敲出正确数字	敲出正确数字
共同了解	偶尔发生;但奥斯滕总能给出解释	频繁发生;但观众对汉斯的热情反而更高(确认偏误)
不共同了解	频繁发生,特别是在方斯特设计的方案之中	除了碰巧,几乎从未发生

为了测试汉斯是否收到了信号,方斯特进行了一系列简单的测试,在测试者知道和不知道的情况下分别调用。测试者向聪明的汉斯展示了一系列卡片上的数字。在一种情况下,提问者站在提问者和聪明的汉斯都能看到卡片上的数字(共同了解)的位置。在另一种情况下,提问者站在只有聪明的汉斯才能看到卡片上的数字(不共同了解)的位置。表1.1中总结的实验回答了两个至关重要的问题:聪明的汉斯能否解决数学问题?或者能否阅读和理解德语?方斯特在下表中报告了其中的一些结果:

方法	卡片展示的数字	聪明的汉斯敲出的数字
不共同了解	8	14
共同了解	8	8

续 表

方法	卡片展示的数字	聪明的汉斯敲出的数字
不共同了解	4	8
共同了解	4	4
不共同了解	7	9
共同了解	7	7
不共同了解	10	17
共同了解	10	10
不共同了解	3	9
共同了解	3	3

在49次"不共同了解"测试中,聪明的汉斯敲出正确答案的几率只有8%。在42次"共同了解"测试中,聪明的汉斯敲出正确答案的准确率高达98%。人们不需要花哨的统计来分析这些数字。此外,还有26项关于聪明的汉斯阅读简单单词能力的测试。汉斯的正确率在有共同了解的时候是100%;在没有共同了解的情况下是0%。在测试聪明的汉斯是否能听懂人类语言和计算数字时,在有共同了解的31次测试中,聪明的汉斯有29次用蹄子踩到了正确的数字,但在没有共同了解的31次测试中,只有3次踩中正确数字。所有的测试结果都说明了一个问题:汉斯不会计算数字,不会理解或阅读德语,不会识别颜色,也不会识别音符或和弦。因此,聪明的汉斯肯定是收到了信号。

但是聪明的汉斯是怎么得到信号的呢?

直觉和心灵感应？

许多人相信他们的直觉是了解和做出人生重大决定的可靠途径。我们必须相信自己的直觉：我们每天都会遇到很多的人，没有必要停下来分析每一次交流互动。但是直觉也会把我们引入歧途。方斯特观察到，即使是"头脑清醒的人"也能从聪明的汉斯的"聪明的眼睛、高高的额头、头部的姿态中直观地感知到天才的标志，这些都清楚地表明真正的思维过程正在大脑内部进行"。[22]一份报告宣称，"汉斯对那些给自己的成就发出赞美之词的来访者报以感激地扭头"。对于回访汉斯的人来说，那是一个神圣的时刻。"那匹马直直地凝视着我。我和它产生了共鸣！大脑与大脑！我能感觉到。"[23]但这就是直觉的本质，有真有假。一种感觉可以是真实的，即使这种感觉背后的念头可能是错误的。我们所要做的就是相信。

进一步地，方斯特怀疑汉斯受到了某种视觉信号的暗示。于是他在聪明的汉斯头上戴上了巨大的眼罩，阻止它看到提问者，汉斯立即开始剧烈地扭动身体，试图看到提问者——这是它以前从未做过的事。在35次没有看到提问者的试验中，聪明的汉斯敲出正确答案的几率只有6%。在11个不确定提问者什么时候会出现的案例中，聪明的汉斯敲出正确答案的几率为18%。在56个看到提问者的案例中，聪明的汉斯敲出正确答案的概率为89%。心灵感应的假设似乎是不正确的，因为物理眼罩不应该干扰思想传递。即使之前整个专家委员会都曾仔细观察了奥斯滕，人们依然需要对照实验才能"看到"人类无法察觉的东西，那就是聪明的汉斯需要看到提问者才能正确回答问题。突然间,其他的观察结果开始有了意义。例如,当汉斯接近正确的敲击次数时,它会开始再敲击一次,但随后就停止了,就好像它计算的数字太高了,然后就改变了主意。当正确答案是数字 1 时,聪明的汉斯在回答问题时也会感到困难。方斯特意识到,"汉斯从来不事先知道哪一下是最后一下"。[24] 另一个特点是,每当方斯特稍微向前弯下腰在笔记本上写字时,聪明的汉斯就会开始轻敲。在你知道汉斯是如何被指示的之前,所有这些观察都没有任何意义。

多年来,奥斯滕的动作变得非常微妙,成千上万的观众没有"任何一个观众、马迷、一流的驯马师(能)发现任何一种信号"。[25] 哪怕奥斯滕的鼻孔只是稍微张开,或者眉毛只是稍微扬起了[26],都可能给这饥饿的马以信号,此外还加上"不自觉的头部轻微向上运动"。奥斯滕的腰弯得更厉害,汉斯就会拍得更快。在一个实验中,方斯特让聪明的汉斯敲出数字13,但他自己有意识(困难地)保持头部前倾。汉斯一直在敲,直到敲到数字 20,方斯特才终于抬起了头。在 26 次这样的测试中,聪明的汉斯每次都敲得超过了所要求的数字,直到提问者终于抬起头来,它才停止敲。同样,这也不需要统计分析。

方斯特将这些不自觉的动作比作一个专注于打出全中球的投球手。有些人对着球挥手;有人扭动着身体;有的甚至拖着脚走到相邻的赛道上——完全没有意识到自己的行为。你可以自己试一试,在看自己的脚时,把注意力越来越集中:你的肌肉紧张,你的眉毛狭窄,当然,你的头必须向下看。现在试着拱起眉毛,环顾四周:你的头会自动抬起,尤其是当你一直在高度专注地观察地面上的某样东西时。

那么心灵感应假说呢？记住，眼罩不应该干扰思想传递。话说回来，是不是有些人就是有这种天赋呢？方斯特自己报告说："当汉斯到达正确的数字时，我通常会有一种感觉。"[27] 方斯特将自己置于马的角色中，用手指敲出某个数字，让其他人专注于那个数字。他测试了25个不同年龄和性别的人，国籍和职业也有所不同。那些人都不知道这项研究的目的，但在测试的25人中，有23人出现了同样的"当目标数字被敲出时头部突然向上抬一下"。[28] 当他要求人们在头脑中思考"上""下""右""左"，人们会不自觉地朝相应的方向移动他们的头。方斯特要求12个不同的参与者两两配对进行了350次测试，猜对方脑中想着的是哪一个方向，他们的平均正确回答率为73%，所以他们的答题能力还不如聪明的汉斯，而且方斯特也没有持续四年每天用食物训练他们。

你可以和一些不知情的朋友一起试试。你可能需要练习练习才能找到手指敲击的最佳速度，但你不需要花四年的时间来学会这个技巧。你的朋友可能会怀疑你有心灵感应的天赋。请不要隐瞒：在这方面你要表现得像个科学家，解释说你是从一匹马那里得到的灵感，然后告诉他们聪明的汉斯的故事。

事后解释/因果解释

没有人打算欺骗或实施欺诈。方斯特承认，在给马发信号时，"直到我注意到奥斯滕先生的动作"，他才"意识到自己的动作"。方斯特总结道，这是"一个纯粹的自我欺骗的案例"。[29] 但一旦你知道了视觉暗示的简单解释，你就会开始意识到，相信"聪明的汉斯"，意味着首先需要盲目相信许多小而荒谬的信念，比如：

1. 奥斯滕有技能和智慧，可以教会一匹马如何思考。
2. 聪明的汉斯能很快地学习德语的书面语和口语。
3. 聪明的汉斯想在公共场合表达他的智慧。
4. 聪明的汉斯能看到正前方和很远的地方。
5. 聪明的汉斯对从未听过的音乐产生了偏好。
6. 聪明的汉斯学习数学概念的速度比大多数人都快。
7. 聪明的汉斯通过偷听法国游客的声音学会了法语。

事后看来，这一切都是那么明显。这时，我们都成了"德州神枪手谬论"（Texas sharpshooter fallacy）的牺牲品，这个谬论得名于一个谚语中的人物，他在谷仓的墙上开枪打洞，然后在洞周围画出目标圈。事后看来，似乎每一枪都是正中靶心。对于聪明的汉斯的失败，奥斯滕给出了越来越奇怪和无法验证的解释，但这些解释在他看来还是有道理的。奥斯滕声称聪明的汉斯累了；聪明的汉斯很固执；聪明的汉斯只是没有心情正确回答问题。他最决绝的解释是，"敏感的动物很容易察觉到提问者的无知，因此会对他们失去信心和尊重"。[30] 没错：奥斯滕甚至声称聪明的汉斯不屑于回答那些它认为智力不如自己的人的问题！

就是这样了。一系列优雅的、有控制的实验解释了一种曾令教会不安、令通灵者烦恼、赢得教育家赞誉、鼓舞了达尔文主义者、说服了著名科学家、启发了一位杰出的军事将领、迷惑了一个专家委员会、登上了国际头条、提出了一个哲学难题，以及引发了激烈的公众辩论的现象。聪明的汉斯只是一匹饥饿的马,它会对细微的、无意的头部动作做出反应。方斯特写道,"以前从来没有人注意到这一点,这几乎是荒谬的"。[31] 威廉·冯·奥斯滕曾带领一大群马虎(不加批判)的思想家登上了"自我欺骗之山"的顶峰。但他会承认这一点吗?如果是你,你会吗?

对于21世纪从心理学中寻找答案的人类来说,这是"聪明的汉斯"的故事从娱乐到烦扰再到危险的转折点。

认知失调的两个案例

当方斯特的眼罩实验推翻了奥斯滕珍视的信念时,这位校长首先感到惊讶。但随后,他表现出了一种"针对马的悲喜剧式的愤怒"。[32] 突然间,奥斯滕感觉奇妙的世界有了转变,变成了更糟糕的东西。虽然起初,他似乎接受了科学的判断,并对卡尔·斯顿普夫和奥斯卡·方斯特说:"先生们必须承认,在看到我在教育方面的努力取得了成功后,我的信念是有根据的。"但是那天晚上,当奥斯滕仔细考虑这件事的时候,又发生了一些事情,因为第二天他"像以往一样狂热地推崇马的智慧"。[33]

是什么让奥斯滕在那个漫长的、自我反省的夜晚改变了主意?最有可能的答案是认知失调:当我们持有不相容的信念时所经历的痛苦。想想他的处境。他是"一个老人,"方斯特写道,"未婚,完全孤独……他的汉斯几乎是唯一的伴侣"。[34] 眼罩实验后的那个晚上,奥斯滕可能独自坐在他五楼的公寓里,而他的思想就像乒乓球一样来回摆动。"聪明的汉斯会思考。""不,他不会。""但我从来没有试着给他发信号。""不过,你一直在给汉斯发信号。""可是连专家也相信,聪明的汉斯——佐贝尔将军、希林斯、委员会……""汉斯戴着眼罩,连最简单的问题也答不出来。""但我花了这么多年的时间追随我的梦想,甚至当人们嘲笑我……"我们谁能在对我们生命如此重要的事情上如此纠结?奥斯滕试图通过坚持"自己对聪明汉斯的看法一直都是正确的"来寻求精神上的平静。

在眼罩实验之后不久,奥斯滕给卡尔·斯顿普夫写了一个简短的便条,在信中"他禁止再用这匹马做实验"。为什么?"我们调查的目的,"奥斯滕解释说,"一直是证实我的理论。"[35]

奥斯滕和席林斯以截然不同的方式逃离了认知上的分歧,也带来了截然不同的后果。奥斯滕继续相信聪明的汉斯的存在,但拒绝更多的实验。相比之下,席林斯不仅改变了主意,他还让其他人在聪明的汉斯演示时观察奥斯滕的头部运动。奥斯滕选择忽略或重新解释这些证据。席林斯并没有试图改变证据,而是让证据改变了他。他必须克服自己的确认偏误,公开承认自己错了。我们当中很少有人有这种智力上的勇气去做这件事,但这是科学的方式。

奥斯滕不是骗子。社会名声的冲击可能限制了他批判性思考的能力,而突如其来的名声可能会对我们大多数人产生这种影响。他继续展示聪明的汉斯,但他的热情已经被方斯特的报告严重挫伤了。随着人群不再来到格里本诺街,奥斯滕认为科学家们在某种程度上是有责任的。他的结局很悲惨。1909年6月29日,威廉·冯·奥斯滕"在忧郁和孤独中死去",[36] 享年70岁,"显然是由于心碎",悲伤地"在他人生的伟大目标上受挫"。[37] 在他的遗嘱中,他把心爱的聪明的汉斯遗赠给卡尔·克劳,而卡尔·克劳已经拥有一个马厩,里面养满了据说是聪明的马。至于席林斯,这位著名的探险家继续写书,讲述他在野外的冒险经历,以及他对夜间摄影新技术的使用。然而,这些书似乎并没有提到1904年的夏天以及席林斯教授在"聪明的汉斯"事件中所扮演的角色。

方斯特在柏林短暂成名,他做讲座,给媒体写文章。[38] 他证明,与公认的智慧相反,马从来不会对口头命令或军号召唤做出反应。这些命令只是与骑手通过缰绳、马鞭或马靴发出的信号同时出现。他试图调查卡尔·克劳的马,但遭到了拒绝。里奥纳德(1984)报告称,方斯特从未从柏林心理研究所获得高等学位。[39] 然而,他对聪明的汉斯的研究一直持续了下去,多年后,他被法兰克福大学授予荣誉医学学位。

信念不一定要消亡

信念,不像人,是不会死的。

卡尔·克劳声称,他在几个月里教给他的马(和其他动物)的东西,比奥斯滕在四年里教给聪明的汉斯的东西还要多。但克劳的思维中充满了漏洞。例如,当克劳最著名的马匹,"穆罕默德",拼错了某人的名字时,克劳的反应是确认偏误。克劳让穆罕默德再试一次……,一次又一次。当穆罕默德仍然漏掉了某些字母时,克劳仍然认为马的名字拼对了,因为穆罕默德为了效率的缘故简化了拼写。很难想象还有比马使用语音拼写更好的例子了,它为一个不可能的信仰提供了令人难以置信的、事后诸葛亮的、引发争议的借口。

克劳身边的"专家"们也帮不上忙。诺贝尔奖得主、小说家莫里斯·梅特林克(Maurice Maeterlinck)在拜访卡尔·克劳的马厩之前写道,"我完全相信"这匹马的智力"是真实的"。然后,他"直视穆罕默德的眼睛……"为了捕捉他天才的迹象。[40] 莫里斯·梅特林克可能是一位优秀的小说家,但在谈到克劳心爱的马时,他的批判性思维却很糟糕。他下定决心要"看到"他已经相信的东西。

美国人对一匹名叫"美丽的吉姆·基"的马也表现出了类似的热情,据说它能阅读、拼写、做算术,还能引用圣经段落。吉姆·基在1904年的世界博览会上有了自己的展馆,并成为最赚钱的景点之一。西奥多·罗斯福的女儿爱丽丝和她的护卫尼古拉斯·朗沃斯一起来了。美丽的吉姆·基用钥匙拼成A-L-I-C-E-R-O-O-S-E-V-E-L-T……然后,让大家高兴的是,马加上了L-O-N-G-W-O-R-T-H。这对夫妇第二年就订婚了,并在白宫举行了婚礼。你认为这是美丽的吉姆·基能力的证明吗?

20世纪20年代中期,自称通灵的方达展示了她的马"神奇夫人"的通灵能力——一美元问三个问题。弗吉尼亚州里士满的《时代快讯》上,电台评论员格里菲斯发表了一篇社论,描述了他是如何开始相信神奇夫人的,"当我想到我中间名的拼写时,'神奇夫人'的头移到键盘上,准确地将它打了出来"。[41] 50年后的今天,他还在描述自己的经历。当时不需要对照实验;一次主观体验和对直觉的信任就足够了。

"神奇夫人"的把戏被两个新泽西的魔术师米尔伯恩·克里斯托弗和约翰·斯卡恩揭露了出来。他们发现方达在抽动一根小鞭子,向"神奇夫人"发出信号。在一次测试中,克里斯托弗站在离神奇夫人有一段距离的地方,假装用铅笔在数字8的路径上移动,但只碰了碰纸,实际写出了数字3。"神奇夫人"却"猜"出了数字8。[42] 约翰·斯卡恩发现,对于一个关于他住在什么州的简单问题,"神奇夫人"并未快速给出答案,直到他的手移动了一下,刚好让方达瞥见了他写在纸上的答案。[43] 不过就算是这样,"神奇夫人"也错误地把纽约而不是新泽西报了出来。

如果我们是犬儒主义者而不是怀疑论者,我们可能会得出这样的结论:我们从历史中学到的是我们没有从历史中学到的东西。但心理科学提供了更好的方法:清晰、批判性的思维。正如我们将在第二章中看到的,错误思维的风险比我们想象中要高得多。

第二章

聪明的双手：辅助沟通的故事

> 过去永远不会死。事实上，它甚至还没有过去。
>
> ——威廉·福克纳

从各方面来看，朱利安和塔尔·温德罗似乎是一对典型的中产阶级夫妇。朱利安经营粉刷房屋的生意，塔尔是为一位县法院法官工作的律师。朱利安曾是南非居民，但在 20 世纪 80 年代爱上塔尔后移居美国。温德罗夫妇在密歇根州底特律郊外的西布卢姆菲尔德定居下来，这里是一个宁静的郊区，他们有两个孩子：1993 年出生的女孩艾斯琳（Aislinn）和大约一年后出生的男孩伊恩（Ian）。

然而，伊恩出生后不久，当他的姐姐艾斯琳接近走路和说话的年龄时，温德罗夫妇意识到她有些不对劲。艾斯琳看起来是一个正常的婴儿，但在大约 18 个月大的时候，她的语言输出开始减少，到 2 岁的时候，她几乎不说话了。此后不久，她被诊断出患有自闭症（现在正式称为自闭谱系障碍）。就像许多自闭症患者的行为一样，艾斯琳的行为通常很奇怪，也不适合社交。一家人去看电影时，她经常坐在影院里前后摇晃，嘴里嘟嘟囔囔。长大些后，在学校上体育课的时候，她有时会一个人光着身子坐在更衣室里。作为一个大一点的孩子,她对与他人互动表现出最低限度的兴趣。到 14 岁时,她基本上保持沉默,似乎也不能很好地与父母或他人建立情感上的联系。发育专家诊断她为智力障碍。和大多数处于这种情况下的父母一样,温德罗夫妇被艾斯琳的情况给击垮了。尽管如此,他们仍然相信,在艾斯琳的内心深处,潜伏着一个渴望破壳而出的聪明、情感复杂的年轻女子。

可以理解,温德罗夫妇渴望与艾斯琳建立情感连接,他们不仅开始寻找治疗方案,还积极参加自闭症治疗社区。朱利安加入了一个密歇根的旨在帮助残疾人的组织,塔尔则成为了美国自闭症协会(Autism Society of America)的本地分会董事会成员。在尝试了许多选择之后,2004 年,他们参加了由附近的东密歇根大学退休教育学教授桑德拉·麦克伦南博士举办的研讨会。在这研讨会上,朱利安和塔尔了解到一种名为"辅助沟通"的干预手段,这似乎是自闭症治疗的革命性突破。新方法似乎好得令人难以置信——自从大约 25 年前这种方法发明以来,就有一些教授成为了它的拥趸。温德罗夫妇一定希望,"如果这是真的就好了……"谁能责怪他们想让自己心爱的孩子得到最好的治疗呢?

"辅助沟通"的手段是这样运作的:给非语言自闭症患者提供一个电脑键盘或一个信笺板。它甚至可以是像一张包含字母表的硬纸板那样简易。不管这个装置是什么,通常放在桌子上或以某种方式支撑着,甚至举在自闭症患者的面前。然后,患者坐在一名成人辅助者的旁边,在他的手臂和手接近字母时,辅助者轻轻地握住并辅助他。辅助者不做任何"打字"的工作,只对自闭症患者的上肢运动起到稳定影响的作用,因此他实际上可以成为一个单指打字员。你瞧,以前无法表达的自闭症患者现在可以拼出单词、短语,甚至是完整而有意义的句子。"辅助沟通"的倡导者认为,它是通往一个以前未被发现的世界的入口,是自闭症患者未说出口的思想沃土。

参加了麦克伦南的研讨会后,温德罗夫妇成为了"辅助沟通"的热心倡导者。艾斯琳所在的学区"寨湖联合学区"不愿意采用这种技术,但朱利安和塔尔坚持采用。在他们威胁要起诉学区后,他们终于等到了他们渴望已久的辅助者,也因此重燃了对女儿的希望。更重要的是,温德罗夫妇与艾斯琳交流的梦想实现了。"辅助沟通"是他们所能企及的,他们期待甚至能借此收获更多效果。

语音邮件

2007年11月底的一天,朱利安·温德罗下班回家时,意外收到了一个电话语音留言。打电话的人是密歇根州公共服务部的一名社会工作者,他要求艾斯琳的一位家长回电话,讨论一件与女儿在学校有关的事情。当朱利安和社工通话时,他收到了一条令人震惊的消息。

那天早上,艾斯琳一直在沟通项目的新助手辛西娅·斯卡塞拉的帮助下进行治疗,她在一个小时的工作坊中掌握了不少新知识。斯卡塞拉问艾斯琳和父母的感恩节周末过得怎么样。作为回应,艾斯琳打出了一条信息,引起了老师们的注意。这条信息(包括打字错误)如下所示:"我爸爸碰了碰我并把我叫醒,然后我们吃早餐,我在他的帮助下洗了个澡,然后开始做作业。他把手放在我的私处。"当被问到"你说的'碰了碰我'是什么意思?"时,艾斯琳的回答是:"Swx('性'的错别字)。"老师们注意到,键盘上的 w 和 e 只差一个字母,所以艾斯琳回答的意思不言而喻。在其他信息中,艾斯琳写道,性侵已经发生了很多年,母亲意识到了这一情况,但没有采取任何措施试图阻止它。她写道,母亲"假装不知道"。

当晚,警察来到温德罗夫妇的家中,指控朱利安性侵艾斯琳,但朱利安极力否认这一指控。两天后,在当局的询问下,艾斯琳重复了她在与斯卡塞拉沟通期间的性侵指控。作为回应,密歇根社会服务部门对艾斯琳和她的弟弟伊恩进行了保护性监护。同一天,一名护士对艾斯琳进行了检查,并没有发现明显的遭受性侵的身体迹象。

不过,此时,警方已经相当确定,朱利安是有罪的。尽管唯一对他不利的证据是"治疗中"对虐待的指控,但警方还是在挖掘更多信息。几天后,在一个小而孤立的房间里,经过 1 小时 40 分钟的审讯,警方审问了艾斯琳的弟弟伊恩,试图从目击者那里获得虐待的切实证据。当他们无法让伊恩证实这些指控时,警察欺骗了他,错误地告诉他,他们有他父亲虐待艾斯琳的录像带。最终,在巨大的压力下,伊恩告诉警方,有几次,他看到他的父亲在艾斯琳赤身裸体的时候和她一起洗澡——这对于照顾一个有严重智力残疾的孩子的父母来说并不是特别罕见的一种做法。

事情演变得更糟了。12 月 6 日,艾斯琳打了一条短信,声称她的父母违反了法院的命令探望她。尽管这一说法后来被证明是假的,但警方还是逮捕了温德罗夫妇。严格来说,朱利安是因藐视法庭罪而入狱的,因为他和塔尔被指控为——是的,基于"辅助沟通"干预治疗——试图逃离国家以逃避对他们的指控。朱利安在没有保释金的情况下被关押了

80天,其中76天被隔离在一个狭小的牢房里。塔尔被控无视女儿被性侵,被关了5天。出狱后,她被认为有潜逃风险,被迫戴上电子监控器。在至少两个月的时间里,检察官和警方坚持不懈地追查温德罗夫妇的案件,积累了对他们不利的证据,而证据主要是通过艾斯琳提供的"辅助沟通"所发出的信息。

为了反驳指控,温德罗夫妇和他们咨询过的几位学术专家要求进行一个简单的实验。除了辛西娅·斯卡塞拉之外,还会有另一名辅助人员对艾斯琳进行询问,以确定艾斯琳的信息是否可以重现。警方和检察官坚决拒绝。最终,在2005年1月底,温德罗夫妇的案子到了法官面前。在那里,艾斯琳在证人席上被问及虐待指控,斯卡塞拉作为调解人在场。我们将在本章的后面了解到这个案件的戏剧性高潮。现在,知道这一点很重要。这并不是温德罗夫妇的第一次噩梦,当他们急切地为女儿寻找辅助沟通训练时,他们并没有意识到这一点。

截至20世纪90年代中期,至少有60起法律案件涉及仅仅基于自闭症患者"沟通"干预信息而针对父母的性侵指控。1991年的一个案件与温德罗夫妇的案件惊人地相似。珍妮·斯托奇(Jenny Storch)14岁,住在纽约北部。和艾斯琳一样,珍妮基本上是哑巴,被诊断为自闭症。她也被介绍给了学校里的一个辅助者,这让珍妮的父母马克和劳拉非常高兴。有一段时间,"辅助沟通"似乎让他们看到了珍妮内心深处充满爱的一面,这是他们从未知道的,也是从未怀疑过的。然而,在珍妮打出一条信息,指控她的父亲,声称遭受了200多项残忍的强暴行为后,珍妮被带离了家,尽管没有任何证明父亲马克有罪的物证。一年后,缅因州南部又发生了一起案件,涉及一位名叫贝特西·惠顿(Betsy Wheaton)的

17岁自闭症女孩。在学校里一名辅助员的帮助下,贝特西打出了指控信息,称她的母亲、父亲、祖父母和哥哥都在性侵她。完全基于这些指控,贝特西被带离家,送到了寄养机构。

自闭症沟通是真的吗?我们能从温德罗夫妇令人不安的故事中汲取什么教训?他们的故事又告诉了我们什么,为什么聪明的汉斯的"鬼魂"继续纠缠着受过教育的、真诚的、善良的人们?这些令人担忧的问题将帮助我们发现,心理科学的日常研究作为工具是如何保护我们,从而使我们免受自发的自我欺骗的影响。

温德罗夫妇可能没有完全理解我们对早期自闭症形成的概念网络。但是,那些由备受尊敬的权威开展的自闭症干预的努力,为温德罗、斯托奇和惠顿一家——以及其他许多家庭——被迫忍受的悲剧埋下了伏笔。他们也解释了为什么"辅助沟通"进一步塑造了帮助自闭症患者的误导性的思路。

正如之前许多非语言儿童尝试"辅助沟通"的案例中所报道的那样,艾斯琳很快就开始打出信息,这个过程饱含具有非凡意义的辛酸。艾斯琳显然并不是智障。她写了她对父母的爱,写了她的职业梦想,包括她希望有一天成为大学教授的愿望。她开始选修历史、英语和代数课程,并取得了优异的成绩。她甚至还写诗。在两年多的时间里,艾斯琳仍然保持沉默,即使她已经学会了在引助者的帮助下继续输入清晰的语句。

就像威廉·冯·奥斯滕和他那匹了不起的马一样,温德罗夫妇突然面临了最幸福的两难境地:当你珍视的梦想开始成真时,你该怎么办?

"冰箱妈妈"和其他顽固的头脑

在心理诊断的词汇库中,自闭症,或自闭谱系障碍,是一个相对较新的概念。"自闭症"一词起源于 1943 年,当时约翰·霍普金斯大学的儿童精神病学家利奥·坎纳(Leo Kanner)在一份医学杂志上发表了一篇题为《情感接触的自闭症障碍》的文章。在这篇文章中,坎纳严肃认真地描述了 11 个孩子,我们现在都能识别出他们明显表现出了自闭症的特征。[1] 其中一个 5 岁的男孩,名字叫做唐纳德,用坎纳的话来说,"他独处时最快乐"。正如坎纳观察到的那样,唐纳德"几乎从不哭,不和母亲一起走,也不在意父亲是否回家,对走亲戚也漠不关心"。[2] 坎纳将这种情况称为"早期婴儿自闭症",选择前缀"自发的自我朝向"来描述患有这种情况的个体对自我的强烈关注。

仅仅在坎纳发表论文一年后,奥地利儿科医生汉斯·阿斯伯格(他的名字因同名的阿斯伯格综合征而不朽,现在大多数学者都认为阿斯伯格综合征是自闭症的一种高功能变体)描述了一种惊人类似的缺陷谱系,尽管他显然不知道坎纳的研究成果。在他生动的案例研究中,1944 年的阿斯伯格[3] 描述了一种独特的综合征,其特征是缺乏同理心,专注于高度特定的兴趣,对他人缺乏兴趣。他把有这些症状的孩子称为"小教授",指出他们经常在一些高度专精的智力话题上积累惊人的知识,比如火车时刻表或数学方程。

今天,美国精神病学协会的《精神障碍诊断与统计手册》(第 5 版,简称 DSM-5)[4] 将自闭谱系障碍描述为一种能鉴别诊断的病症。根据该手册,自闭症有两个主要方面的特征是在两个主要领域的障碍:(1)社会交流,包括喜欢单独玩耍和眼神交流障碍;(2)重复/限制性行为,包括对特定物体的专注和重复的特定动作,如拍手。大约四分之三的自闭症患者符合智力障碍或其他严重认知缺陷的标准。有些人的语言能力严重受损,甚至完全不能说话。正是对于后者,即那些沉默的人来说,"辅助沟通"似乎成了天赐之方。

坎纳的临床描述预示了后来对该疾病的一些概念化。虽然他没有为这一猜想提供系统的证据,但坎纳认为,"尽管这些儿童中的大多数在某一时期被认为是低智的,但毫无疑问,他们都具备良好的认知潜力"。[5]这篇有先见之明的文章在 40 年后被"辅助沟通"的支持者们大加赞许和引用。坎纳还进一步观察到,少数能够流利说话的自闭症儿童表现出出色的词汇量,还有完整甚至是极好的对事件、视觉模式和名字的记忆。

尽管坎纳承认自闭症在一定程度上具有生物学原因,但他认为主要是后来被称为"冰箱妈妈"的产物:母亲们冷漠、无情、漠不关心,以至于孩子逃进相对和平、舒适但封闭的私人世界。据报道,坎纳认为,自闭症儿童的父母——尤其是母亲——几乎达到了"冷漠到不能生一个孩子的程度"。[6]20 世纪 60 年代,芝加哥矫正学校主任、儿童临床医生布鲁诺·贝特尔海姆(Bruno Bettelheim)也普及了自闭症主要源于环境的观点。

贝特尔海姆是奥地利人,毕业于维也纳大学,他的思想受到了维也纳最著名的公民之一:西格蒙德·弗洛伊德的影响。在弗洛伊德看来,精神病理在很大程度上源于孩子最初几年成长过程中父母养育方式的混乱。贝特尔海姆在他犀利而感情充沛的著作中,包括 1967 年出版的广受欢迎的《空堡垒》,在将自闭症的责任直接归咎于冷漠、排斥的父母,比坎纳走得更远。他断言,自闭症儿童天生神经系统正常,但由于父母未能为他们提供充分接近任何的关爱,导致他们在精神上的发育被扭曲了。贝特尔海姆本人也是大屠杀幸存者[7],他把自闭症儿童的父母环境比作集中营。然而他声称,在一些案例中,自闭症儿童可以通过强化的象征性修复疗法恢复健康的功能,从本质上扭转他们早年受到疏远和冷漠所造成的影响。

在第二次世界大战后的几十年里,坎纳和贝特尔海姆的心源性观点占据了统治地位。它们被不加批判地传递给了一代心理学学生,包括这本书的第二作者斯科特,他将《空堡垒》作为大学精神疾病课程的参考资料来阅读。但是到了20世纪70年代末和80年代初,对双胞胎进行的研究已经令人信服地证明了遗传因素在自闭症中的作用,结构脑成像的研究表明,自闭症的特征是影像学上的明显神经异常。例如,若干个研究小组已经证明,自闭症患者的大脑通常异常地大,这可能反映了在早期发育中脑细胞神经元修剪不足。此外,对家庭行为的研究一直未能发现自闭症环境模型,即源于所谓的早期养育错误的干扰。[8]

上述研究,结合其他许多发现都表明,自闭症个体存在大脑和生物化学异常,[9] 这些发现因而极大地改变了科学界的共识,也替代了坎纳和贝特尔海姆的理论观点;自闭症的社会心理理论几近消亡。"冰箱妈妈"的概念消失了,认为自闭症源于父母的忽视或情感虐待的观念也消失了;认为潜伏在自闭症患者内心深处的是一颗智力完整的心灵的观念也消失了。然而,惊人的是,这些观点正准备卷土重来。

一个惊人奇迹的起源

自闭症可能比任何心理疾病都更引人关注,它是各种流派和边缘疗法的绝佳试验田。表 2.1 列出了广泛应用于自闭症的部分治疗方法。其中一些已经在对照研究中进行了检验,发现这些方法存在着缺陷,而另一些则几乎没有进行过系统研究。针对自闭症的其他几十种没有科学依据的干预措施已经被尝试过,最多只取得了微不足道的效果,更多的情况是彻底失败。

表 2.1 部分未得到科学支持的自闭症治疗方法列表

针灸艺术治疗	药物治疗(一种降低激素雌二醇和睾酮水平的药物)
整合清除疗法(清除体内的铅、汞和其他重金属)	矿物质溶液疗法
动物辅助疗法(马、海豚辅助)	音乐疗法
延长母乳喂养疗法	"打包"疗法(用又冷又湿的毛巾包裹赤裸的病人)
无麸质饮食疗法	法莫替定(一种抗酸剂)疗法
草药顺势疗法	生物分泌素(一种由猪肠合成的多肽激素)疗法
高压氧治疗催眠	感觉运动统觉训练
羊干细胞注射	颅骨按摩蹦床疗法

在现代法国,一些治疗老年和高功能自闭症患者的医生求助于弗洛伊德精神分析,试图挖掘隐藏的冲突和被压抑的记忆,这些可能是解开自闭症神秘症状的关键。当然,看似无休止的一系列新产生且缺乏支持

的自闭症治疗方法来来去去,这一事实本身并不表明另一种新兴的干预手段不会成功,比如"辅助沟通"。

为什么自闭症治疗一直吸引着大量新的且基本未经检验的方法涌入?没有人确切知道,但我们可以给出六个原因。首先,也许也是最重要的原因,自闭症儿童的父母迫切地想要"打通"他们的孩子,并找到一些能让他们在生活中取得成功的方法。我们很难责怪他们。可以理解的是,许多人愿意尝试能帮助孩子的几乎任何方法,哪怕只有一丝希望。在这方面,对一种极其棘手的病症进行快速而简单治疗的诱惑是难以抗拒。只有一种方法,应用行为分析(ABA),系统地强化自闭症个体的适应性行为,如有效的语言使用和适当的社会互动,在对照研究中一直被证明对自闭症有帮助。[10] 然而,ABA 并不是一种治愈方法;它所产生的改善往往是浅度的、渐进式的,可能需要几个月的时间才能显现出来。ABA 也没有解决许多专家认为的自闭症核心特征,包括社会关联方面的严重缺陷。一些尝试过 ABA 的父母可能会因为孩子的状况没有显著改善而感到沮丧。因此,他们可能会转向其他办法。

第二,正如宾汉姆顿大学心理学家雷蒙德·罗曼奇克和他的同事所指出的,自闭症患者的症状,如古怪的动作或对他人缺乏兴趣,常常在短时间内反反复复。[11] 因此,即使是完全无用的干预措施,如果在这些波动恰巧出现时实施,表面看也可能是有效的,尤其有可能在下面的情况中发生。专业人员在症状最严重的时候进行治疗,而这恰恰是最有可能很快得到改善的时候,统计学家将这种现象称为回归均值(regression to the mean)。俗话说,上升的必然下降,心理症状也是如此。

第三,一些自闭症患者被称为"savants"(意为智者),在一个或几个限定的领域表现出惊人的智能。有的知道美国职业棒球大联盟（Major League Baseball）所有球员在过去 50 年里的确切击球率；另一些则只要听过一次就能在钢琴上重复弹出几乎任何一首歌。其中有一个这样的自闭症人士，他是与本书的第二作者（斯科特）合作了几个月的"日历计算器"。[12] 给他任何一年的任何一天，过去的或未来的，他会高兴地立即回答出正确的星期几。斯科特第一次见到他时，他问斯科特是什么时候出生的；斯科特回答说："1960 年 12 月 23 日"，这位自闭症学者告诉他，他出生在一个星期五（这是斯科特不知道的）。1988 年达斯汀·霍夫曼（Dustin Hoffman）和汤姆·克鲁斯（Tom Cruise）主演的电影《雨人》（Rain Man）普及了学者综合征，它的存在可能助长了这样一种观念：自闭症是一种障碍，其特征是智力完整的心灵困在紊乱的身体里。反过来，这种看法可能助长了人们不加批判地接受旨在发挥自闭症患者潜在心理能力的干预措施。

第四，与此相关的是，一些作者所称的"无限潜力"的神话，可能促成了某些自闭症干预手段的流行，包括"辅助沟通"。[13] 许多通俗心理学提供了一种乍一听很吸引人的观念：在我们所有人的内心，埋藏着一个巨大的、智力尚未发挥的潜能水库。许多流行的心理学资料仍在传播一种过时的说法，即我们大多数人只使用了 10% 的大脑，而许多电影，如 2010 年的大片《盗梦空间》进一步延续了这一概念（尽管《盗梦空间》认为使用了 20% 的大脑）。大量的科学证据，包括脑成像研究的数据和对脑损伤患者的调查，令人信服地驳斥了 10% 的说法，但这一说法仍然在普罗大众中广为流传。联合学院的心理学家克里斯托弗·查布里斯和伊利诺伊大学的丹尼尔·西蒙斯在 2010 年进行的一项调查显示，大约三分之二的美国民众,认为人们只使用了大脑容量的10%。[14] 也许是这种想法的结果,许多人可能会认为自闭症患者会对某些干预措施做出积极反应,比如"辅助沟通",从而释放他们未实现的智力潜能。

第五,精神分析思维继续以强有力的方式塑造着人们的日常心理。尽管大多数正统的弗洛伊德概念,如口欲期和俄狄浦斯情结,在主流科学界受到争议、被边缘化,但它们在许多大众心理学中仍然无处不在。大多数美国公众接受一些有影响力的弗洛伊德思想,例如所有精神疾病都可以追溯到童年时期被压抑的创伤。[15] 在电影和动画片中,心理治疗仍然被典型地描述为经典的精神分析,病人躺在沙发上,回忆他们坎坷的童年经历。[16] 此外,无数好莱坞电影的情节,如《心灵捕手》和《神秘河》,都体现了我们可能称为"虐待叙事"的东西。这条现在大家都很熟悉的故事线,讲述的是一个被心理问题困扰的人,他重新想起了遗忘已久的儿时被虐待的记忆,或者与这种虐待经历产生了情感联系,经过强烈的情感释放(宣泄),有了戏剧性的心理变化和改善。弗洛伊德观点的显著传播,尤其是那些强调早期创伤事件的因果作用的观点,可能解释了为纠正童年的影响而诞生的自闭症干预办法的流行和吸引力。

第六,相比于大多数明显的智力障碍相关的疾病(如唐氏、特纳氏综合征和胎儿酒精综合征),自闭症不涉及任何明显的面部畸形特征。事实上,许多自闭症患者(即使不是大多数的话)在身体上看起来是正常的。这种正常的外表可能会导致一些训练不足的从业者认为,患有这种疾病的人在内心深处,心理上也一定是正常的。[17]

考虑到所有这些因素,"辅助沟通"干预法刚出现时就得到了一批乐于接受的受众,这应该不足为奇。它的前提是一个诱人的想法,即自闭症患者在认知上是正常的,智力也没有受损,似乎一下子就摆脱了自闭症严重的交际和社会缺陷的根源。它还暗示,与自闭症儿童建立情感上的联系只需敲击键盘即可。在许多方面,"辅助沟通"正是医生所要求的——或者更准确地说,也是我们的愿望所催生的。

辅助沟通的起源和传播

辅助沟通的根源可以追溯到圣尼古拉斯医院,这是澳大利亚墨尔本的一家为患有严重智力和身体多重残疾的儿童及成人服务的机构。1977年,一位名叫罗斯玛丽·克罗斯利(Rosemary Crossley)的教师兼残疾权利倡导者突然声称,她发现了一种新技术,可以从那些不能说话、被认为有认知障碍的人那里提取到交流信息。在与这些人进行了大量的合作后,克罗斯利认为自己发现了一件事,就是他们比别人所想象的要聪明得多。克罗斯利将她的技术称为辅助沟通训练(或简称为辅助沟通),并将其主要应用于患有严重身体残疾、无法说话的人,如脑瘫人士。[18]

克罗斯利报告的发现是显著的。在用她的方法对12名患有严重身体和精神障碍的人进行研究后,她得出结论:尽管人们普遍认为他们有认知障碍,但所有人至少都具有正常的智力。她声称,尽管多年来有表达缺陷沉默,他们所有人现在都能有效地交流。圣尼古拉斯医院对克罗斯利的发现和结论提出了质疑,澳大利亚的一些自闭症专家也提出了质疑,但她大胆地坚持了自我。克罗斯利拒绝了对她的说法进行独立测试的要求,主要理由是,有严重智力障碍的人不喜欢他们的能力被质疑,因此任何负面的结果基本上都是毫无意义的。你可能还记得前一章,威廉·冯·奥斯滕也曾提出过类似的解释，当时他暗示，针对聪明汉斯的任何负面结果都是无意义的，因为马不喜欢回答那些不如它聪明的人的问题。

1986年，克罗斯利在墨尔本成立了"尊严、教育、倡导、语言"中心（DEAL），这是一家致力于帮助有严重语言障碍的人找到交流方式的机构。很快，"辅助沟通"训练在澳大利亚当地的一些学区蓬勃发展起来。

尽管如此，在这个时候，"辅助沟通"训练在美国或其他地方基本上还不为人知。不过这种情况并未持续太久。1989年，纽约北部雪城大学（Syracuse University）的社会学家、特殊教育教授道格拉斯·拉斯·比科伦（Douglas-las Biklen）前往澳大利亚，观察克罗斯利的方法和报告的成就。此行的见闻给他留下了深刻的印象，比科伦立即把"辅助沟通"训练视为一个里程碑式的发现。回到美国后，他决心传播这个消息。克罗斯利原本打算主要将训练用于患有明显身体残疾的儿童，如脑瘫，或患有与智力残疾相关的公认遗传疾病的儿童，如唐氏综合征或苯丙酮尿症（PKU）。相比之下，比科伦设想这种方法可以有更广泛的临床应用。[19] 回到锡拉丘兹后，他尝试使用"辅助沟通"训练使非语言自闭症儿童之间的交流成为可能，并报告了令人震惊的结果。

在1990年，比科伦发表在著名的《哈佛教育评论》上的一篇文章中，正式公布这一惊人的消息，这篇文章授予了"辅助沟通"训练以科学认可，[20] 就像一个世纪前，汉斯委员会给威廉·冯·奥斯滕和聪明的汉斯提供了科学背书一样。比科伦和他的合作者，包括查普曼大学的唐纳德·卡迪纳尔，在知名期刊上发表了其他几篇文章继续跟进。比科伦认为，关于自闭症患者"辅助沟通"训练的理论是很直接的和革命性的，几乎所有的专家在自闭症的本质认识方面都存在着根本性的错误。他坚持认为,这种情况从根本上来说是一种运动障碍,而不是长期以来人们所认为的精神障碍。比科伦很可能受到了坎纳著作的影响,坎纳推测,大多数或所有自闭症儿童都是聪明的,即使他们不能在日常行为中显示出他们的认知能力。

根据比科伦的说法,自闭症患者的认知能力是完整的,但患有一种他称为发展性运动障碍(developmental dyspraxia)的潜在疾病。这种微妙但普遍存在的运动异常,不仅使许多自闭症患者无法开口说话(或是在较轻的情况下,削弱了流利说话的能力),而且还使他们无法自己"打字",这就需要一个辅助者来稳定他们的手臂和手部运动。比科伦认为,一旦这种运动异常得到纠正,[21] 自闭症患者的潜在智力就能从沉默的牢笼中顺利地显化出来。

比科伦被证明是一个能言善辩、有说服力的"推广代言者",他的人际交往技巧和精力在促进"辅助沟通"训练的普及上起了不小的作用。很大程度由于他和他的同事们的不懈努力,以及他们的工作激发了无数家长和老师的希望,"辅助沟通"训练像野火一样在自闭症群体中传播开来。虽然很难得到确切的数字,但在这项技术传入美国后的几年里,美国数以百计的学区开始使用这项技术,培训该技术的会议和周末工作坊激增。许多这样的会议吸引了数百名热情的参与者,一些有自闭症和其他发育障碍的人进行了现场"演示"。还有许多学校不仅改变了他们教育自闭症儿童的方法,而且从根本上改变了对这种障碍的理解。

许多患有自闭症的儿童和青少年,以前被认为是智障,现在被纳入正规班级,在"辅助沟通"训练的帮助下完成课程。一些学校心理学家和其他心理健康专业人士开始在"辅助沟通"训练条件下对他们进行智力测试,结果发现智商提高了几十分。在许多案例中,以前被诊断为智力迟缓的儿童被重新归类为智力正常的儿童。一些学院和大学甚至开始提供课程,允许学生获得"辅助沟通"训练资质认证。[22] 1992 年,比科伦在雪城大学开设了辅助沟通研究所,通过小册子、通讯、研讨会,以及后来的互联网帖子,来推广"辅助沟通"训练的使用。

1991 年,比科伦在《纽约时报》杂志上发表了一篇文章,宣扬这种方法是自闭症治疗方面的一项显著创新。大众媒体注意到了这一点。当时的通讯网络比 1904 年"聪明的汉斯"的故事登上国际头条时要发达得多,但新闻报道的批判性却丝毫没有增加。很快,数十家主要报纸和杂志发表了关于"辅助沟通"训练的热情报道,其中许多文章都对于这种方法是否需要经过仔细的科学检验毫无笔墨。哥伦比亚广播公司新闻频道(CBS News)在电视上发表了一篇称赞"辅助沟通"的报道。1992 年,美国广播公司的黄金时间直播电视节目有一个片段是关于主持人黛安·索耶(Diane Sawyer)在介绍节目时告诉观众:"几十年来,自闭症一直是一个黑暗的谜团,一种似乎让孩子们背叛自己、反对世界的障碍。然而,今晚,你们将看到一些改变这一切的东西。你可以称之为奇迹,称之为觉醒吧。"[23]

成为信徒的不仅仅是媒体和从业者,更包括父母和自闭儿童的亲人。在这些信徒中,就像席林斯教授为聪明的汉斯和莫里斯·梅特林克为穆罕默德所做的那样,为"辅助沟通"训练赋予了特殊的科学威望。1981 年获得诺贝尔物理学奖的亚瑟·斯考洛有一个患有自闭症的儿子。在 1993 年的一部纪录片中,当被问及还需要什么证据才能说服他相信

"辅助沟通"训练的有效性时,斯考洛回答说:"我不需要更多的验证。我儿子给了我很多信息,其中很多我以前都不知道。"[24] 斯考洛的无条件支持又一次提升了"辅助沟通"训练的可信度,因为它证明,毫无疑问,才华横溢的科学家也相信该技术。

"辅助沟通"训练不仅仅是自闭症干预的一个突破;这是一次真正的范式转变。它似乎开启了自闭症患者可能隐藏的沟通能力,更推翻了关于自闭障碍的科学共识。突然之间,自闭症专家所相信的一切固定知识,以及他们教给学生的一切,现在看来,都错了,自闭症终究不是一种精神障碍。患有这种疾病的人也没有任何基本的精神方面的认知障碍。相反,自闭症的核心是一种活动障碍,通过物理疗法来治疗,借助有爱心和耐心的助手的支持。心理健康专业人士早就习惯于对"奇迹治愈"这个陈词滥调翻白眼,因为一次次宣称的一夜治愈在他们眼前失败了。然而,"辅助沟通"训练证明是这一规律的例外,至少看起来是这样。它提供了一切迹象,来证明它是真的。

伟大的解构

科学的车轮往往转得很慢。尽管科学本质上是一项自我更新的事业,但误导的科学思想通常会流传多年,甚至几十年后才会被研究方法的迭代推向落伍或被扫除。例如,自闭症是由冰箱父母引起的观点一度十分流行,历经几十年才被研究界令人信服地揭穿。然而,在极少数情况下,科学的车轮会迅速转动,特别是当耸人听闻的说法关系到人们生计的时候。

"辅助沟通"训练被引入后不久,自闭症界一批久经盛名的研究人员提出对其说法进行对照实验测试。许多"辅助沟通"训练的支持者对这种提议感到困惑,因为他们认为这种技术的有效性不言而喻,毕竟他们亲眼看到了打字过程,他们不清楚还需要什么额外的证据。然而,就其本质而言,科学家是一群持质疑态度的人,许多经验丰富的自闭症研究人员和临床医生,包括俄亥俄州立大学的詹姆斯·穆里克、纽约斯克内克塔迪的约翰·雅各布森、波士顿儿童医院的霍华德·谢恩、宾汉姆顿大学的雷蒙德·罗曼奇克和雷蒙德,当时在北达科他州立大学的米尔·滕伯格,对这些都持怀疑态度。

从一开始,关于"辅助沟通"训练的一些显著事实就让自闭症专家感到非常奇怪。首先,许多参与"辅助沟通"训练的孩子的录像带显示,即使有经验丰富的辅助者,孩子们在打字时,眼睛也不是一直盯着键盘。有些孩子的眼睛完全看向别处。科学家想知道,孩子们怎么可能不看键盘就打字呢?研究显示,即使是经验丰富的打字员,如果不首先把手放好,也无法完成这一举动,[25] 因此,有严重智力障碍的儿童能够做到这一点,似乎令人难以置信。

其次,专家们想知道,重度自闭症患者从哪里获得了对世界的庞大的隐性常识的。他们当中许多人以前无法阅读任何复杂的东西。在某些情况下,在与"辅助沟通"训练者合作之前,他们没有表现出任何能够阅读的迹象,几乎所有人都对书籍或其他书面材料缺乏兴趣,大多数有自闭症的儿童似乎也不太注意成年人关于世俗话题的谈话,更不用说深邃的思辨问题了。

第三,使用"辅助沟通"训练,许多自闭症患者展示出的高级知识似乎远远超出了他们的年龄,甚至超出了他们智力能力的极限。比如说,在两个字母(如 A 和 B)中选择时,大多数自闭者都无法指出正确的字母(如 A),然而许多人居然用很长的篇幅和雄辩的语言描述了他们对父母的爱和他们的职业梦想。有一个人要求改变他的药物治疗,据推测印证了《新英格兰医学杂志》上的一篇研究文章;另一个之前被心理学家估计智商为 19(属于重度低智)的孩子打出了"我不是弱智,我很聪明",而且没有任何拼写错误。在一次关于"辅助沟通"训练的大型会议上,一位自闭症患者杰夫在"辅助沟通"训练主持人的帮助下,为比科林打出了以下激情洋溢的辩护:

> "关于最近关于'辅助沟通'训练的争议,我们对批评家针对道格令人沮丧的评论感到非常愤怒。是我们说了这些话,我们质疑你们的专业知识和你们对自闭症学生的同情。请鼓励我们和道格能够成为世界的一部分,并且请批评家离开我们的世界。"[26]

"辅助沟通"训练也让自闭症患者能够写诗,其中一些作品的深度和成熟度令人印象深刻。一位来自威斯康星州麦迪逊市的 29 岁自闭症男子,用"辅助沟通"训练的办法写了一首题为"倾听我的心"的诗。这首诗的开头是:

> 请倾听我的心,
> 请原谅这些笨拙的话,
> 请听我敞开心扉向你倾诉。

我的心语源源涌出，
而我的手指却在一个一个字母中挣扎（后文如此）。

我的嘴无话可说，
心语记得开始并预见（原文如此）结局。

它只一眼便汇集了我的一生，
并试图同时传达一切。

另一方面，文字把一切分解成一千个小碎片，
再也无法组合在一起。[27]

诚然，这样的话是动人的。但它们真的可信吗？许多自闭症患者的生活几乎没有机会习得复杂语言和对隐喻的复杂理解。当然，这些令人困惑的问题都没有证明"辅助沟通"训练是非法的。首先，这些孤立的例子可能是不典型的，或者它们可能反映了这种技术的误用或滥用。优秀的科学家很清楚滥用、非滥用原则：滥用或误用一项主张并不会使其无效。此外，科学中一些公认的真理有时被证明是完全错误的。几十年来，德国科学家阿尔弗雷德·魏格纳（Alfred Wegener）于1912年提出的大陆漂移理论一直受到同行研究者的广泛嘲笑。[28] 考虑到他们当时对地理学和地震学的了解，大陆移动的概念在他们大多数人看来是可笑的。然而，正如我们现在所知，魏格纳的观点最终被有关板块构造的发现证

明是正确的,他的理论现在被地球科学家普遍接受。也许"辅助沟通"训练会成为一个类似的例子。它是一个革命性的但正确的思想,最初遭到科学界的抵制,仅仅因为它与盛行的正统观念背道而驰。

即便如此,关于"辅助沟通"训练的令人费解的事实还是不能轻易地置之不理。至少,它们在即便最持开放态度的自闭症研究人员的脑海中也引发了明显的危险信号。正如社会学家马塞洛·特鲁奇(Marcello Truzzi)以及后来的天文学家和科学作家卡尔·萨根(Carl Sagan)提醒的那样,非凡的主张需要非凡的证据。换句话说,与我们所知的一切背道而驰的断言——好吧,这些断言可能是对的——需要特别令人信服的证据才能接受。新鲜并不一定是进步。"辅助沟通"训练的案例当然是不同寻常的,但证据——表面上令人信服——完全来自证词和坊间观察。

基于轶事的心理干预充其量只能说是好坏参半,少数则可能是灾难性的。仅举其中一个例子,20世纪40年代和50年代,数百名外科医生得出结论,前额叶切除术对缓解精神分裂症和其他严重精神疾病的症状有效。他们认为这种激进的手术是合理的,主要依据是对术后患者病情改善的非正式观察。[29] 就像奥斯滕和聪明的汉斯的例子一样,他们成了天真现实主义的牺牲品,认为"眼见为实"。的确,前额叶、额叶切除术的主要先驱、葡萄牙神经外科医生埃加斯·莫尼兹(Egas Moniz)在1949年就因其在精神病理学上的应用获得了诺贝尔奖。直到后来——仅在美国,就出现了大约5万例手术——但为时已晚——对照研究之后才证明了这一手术无效,更糟的是,这一手术还伴有一系列灾难性的副作用。额叶切除术的黑历史[30] 提醒我们,没有严格的对照试验,心理学家不敢假设"辅助沟通"训练(或任何其他干预)是有效的。

事实上，从20世纪90年代初开始，研究人员就对"辅助沟通"训练进行了两项主要的实验室测试。在某些方面，这些测试在设计上与奥斯卡·方斯特对聪明的汉斯的"关键"测试类似。回想一下，方斯特测试马的时候，提问者（通常是奥斯滕）要么"知道"，要么"不知道"正确答案。在"辅助沟通"训练的例子中，一个至关重要的实验设置是让辅助员对自闭症患者可以获得的信息保持不知情。

正如批评者所观察到的，比科伦和其他"辅助沟通"训练用来验证这种技术的标准程序是有缺陷的，因为辅助者通常知道向孩子所提出的问题的正确答案。他们指出，评估"辅助沟通"训练的唯一正确方法是确保辅助者不能接触到提供给孩子的相同信息。心理学家早就知道，双盲设计（那些没有知识的设计）是防止思维漏洞，尤其是确认偏误的必要保障。没有这些设计，我们很容易对"一种方法是否有效"得出错误的结论，因为我们的预期会影响我们的发现和观察结果。

辅助沟通的第一个测试被称为消息传递程序，它既简单又现实。它是如此直接，事实上，回想起来，"辅助沟通"训练的倡导者自己竟然没有想到这一点，实在令人惊讶。在消息传递测试中，研究人员给自闭症个体一个特定的对象，比如一组钥匙，而辅助者则不在房间。然后，钥匙从视线中移除，辅助者返回。然后，研究人员要求自闭症患者在辅助者的帮助下输入物体的名称。如果自闭症患者真的拥有知识，他或她应该——在辅助者的帮助下——用一个或多个手指来"输入"钥匙。但是，如果这个人不能输入"钥匙"，这就表明，只有当辅助者拥有关于答案的知识时，辅助沟通才"起作用"。

"辅助沟通"训练的第二个关键测试更复杂一些，也更优雅。在这个设计中,辅助者和孩子坐在相邻的隔间里,但他们之间的挡板有一个开口,可以在孩子面前的键盘上进行手与手的接触。在他们面前是一堵墙,上面可以展示图片;因为孩子和辅助者在不同的格子间,他们只能看到展示给自己的图片,而不能看到展示给对方的图片。在一些试验中,辅助者和孩子看到的是同一幅图片。例如,在某些情况下,可能会给双方看同一张汉堡包的照片。但在另一些试验中,辅助者和孩子看到的是不同的图像;例如,一个人可能看到一张狗的照片,另一个人可能看到一只猫。在每次试验之后,实验者都会要求孩子在辅助者的帮助下,输入他或她看到的东西。关键的问题是:在测试试验中,输入的单词会像"辅助沟通"训练支持者预测的那样,与孩子看到的图像相对应,还是与辅助者看到的图像相对应?再次强调,如果输入的单词始终是辅助者所看到的单词,这将强烈表明交流源自他们,而不是自闭症患者。[31]

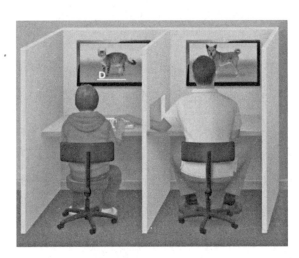

自闭症儿童　成人引导者
辅助沟通的关键测试

自闭症儿童　成人的主持人

　　这两个关键测试的结果震惊了"辅助沟通"的世界。这些研究来自全国各地的多个独立实验室，但它们却惊人地一致，并出现在同行评议的著名科学期刊上。在经过严格控制的已发表的试验中，自闭症儿童无法在试验中做出任何正确的反应。[32]

　　20世纪90年代初，随着多项控制严格的研究出现，科学界的共识变得更加坚定，几乎所有研究的结果都是一致的负面结果。这些研究证明了科学是可信任的，因为它们的结果令人信服地排除了另一种假说，即"辅助沟通"训练显现的成功是来自于自闭症患者内心深处的想法。1995年发表在美国心理学协会旗舰杂志《美国心理学家》上的一篇综述的作者总结说，"在实验室和自然环境中使用单盲和双盲程序对临床人群进行的对照研究确定了……残疾人无法准确地对他们的助手看不到的标记或描述刺激做出反应"。[33] 到1999年，有18个发表的控制严格的"辅助沟通"试验，自闭症儿童总共有183个机会提供正确的反应。在18项研究中，这183次的得分是惊人的0分。[34]

　　后来，少数发表的研究中出现了一些结果良好的试验，但这些结果很快就被行为科学家反驳了。为什么？在这些研究中，引导者能够接触到有关刺激材料的知识，因此在逻辑上不可能排除引导者无意影响的假设。正如已故的明尼苏达大学临床心理学家保罗·米尔在1967年[35] 所指出的，科学上的一条方便的经验法则是，当影响是真实的，当施加更严格的实验控制时，影响的大小应该变得更大。然而，在辅助沟通中，就像在聪明的汉斯的案例中一样,我们看到了相反的情况。只有在实验控制缺失或草率的情况下,效果才会出现,而在实验控制严格的情况下,效果就会消失。

在科学领域,特别是心理科学领域,在大量独立研究中发现一致否定结果的实例是极其罕见的。然而,尽管不同的调查团队进行了多次测试辅助沟通还是失败了,而且失败得很明确。尽管这些证据看起来令人难以置信,但它们压倒性地指向了辅助者对自闭症患者手臂和手部动作的无意控制。似乎是辅助者自己在打字,却没有意识到这一点。[36] 到底发生了什么事?

奇怪的是,答案部分来自于检验唯心论的科学工作。从本质上说,辅助沟通键盘似乎和现代版的占卜板没什么两样。神怪迷和大人小孩都很熟悉这款占卜板,他们觉得这是一款有趣的室内游戏。它是一块平板,上面印着字母表中的字母,从 0 到 9 的数字和几个单词(如"yes""no"和"goodbye")。这个板子配有一个小板,这是一个三角形的装置,配有小轮子或毡垫,用户可以将它滚动或滑动到板子的各个部分。1890 年,一位美国商人发明并首次投入市场,占卜板一直被用于娱乐,直到大约 20 年后,精神媒介——声称能够与来世交流的通灵者——开始试图用它与死者联系。这种做法在第一次世界大战期间和之后变得更加普遍,当时通灵者享受着一项利润丰厚的业务,帮助悲伤的家庭感到与亲人的联系,特别是那些在战争中丧生的人。[37] 通灵者通常会问逝者一个问题("你现在在天堂吗?"),把手指放在木板上,看着它移动,观察它最终落在哪里。通常,占卜板上的答案似乎是有意义的,或者至少可以被事后理解为有意义的。玩通灵游戏的玩家会觉得棋盘是自己移动的,尽管它实际上当然是被他们无意识的意图所引导。

早在辅助沟通出现之前,心理学家就已经知道,人们的思想可以在他们不知情的情况下影响他们的行动,他们将这种现象称为意念运动效应(ideomotor effect),这个术语指出了我们的想法可以对行为产生影响的事实。[38]

几个世纪以来,神秘主义者一直在进行一种被称为自动写作的程序:在进入恍惚状态后,他们开始写胡言乱语,据说这让他们被许可进入思想和感受的无意识世界。在某些情况下,自动写字的人认为他们的动作是被恶魔或其他灵魂控制的。20世纪70年代,随着"通灵"的流行,自动写作和另一种平行的现象(我们可以称为"自动说话")又重新兴起。在"通灵"中,一个人声称自己受到了通过"通灵"说话和/或写作的死者灵魂的入侵。就像通灵棋手一样,自动书写者有一种强烈的主观信念,认为他们的行为是受到外力的支配。另一个关于意念运动效应的著名例证是切鲁尔摆(以一位对超自然说法持怀疑态度的法国化学家的名字命名),它可以在家里轻松构造,只需要一根绳子,在它的底部附加一个小重量。告诉一个拿着钟摆的朋友,它正在慢慢地开始顺时针(或逆时针)移动,通常情况下,它真的动了起来。[39]

让意念运动效应特别引人注目的是,错觉的"受害者"几乎总是对它的存在浑然不觉,坚持认为自己没有移动任何东西。因此,他们可能会相信这些动作是由他们外部的某种东西产生的——一种看不见的力量,或者,在通灵板的例子中,是来自另一个维度的无实体灵魂。

几乎可以肯定,意念运动效应是辅助沟通明显有效的罪魁祸首。就像奥斯滕和向聪明的汉斯提问的"专家"一样,辅助沟通辅助者并没有有意识地欺骗任何人。他们是真心诚意相信他们没有控制自闭症患者的手臂和手的动作，即使他们事实上控制了。认识到惊人的历史相似性，一些科学家开始将辅助沟通的溃败称为"聪明的手"的故事。[40] 研究人员指出，在这两种情况下，不幸的错觉参与者在不知情的情况下对微妙的线索做出了反应。

然而，意念运动效应只是解释辅助沟通的部分原因。哈佛心理学家斯金纳（B. F. Skinner）所称的"连续逼近塑造"（或简称"塑造"）几乎肯定发挥了关键作用。随着时间的推移，孩子和辅助者在不知不觉中相互强化对方的轻微手部动作，就像聪明的汉斯和奥斯滕相互强化对方的动作一样。辅助者逐渐习惯了孩子的手部动作，并学会了哪些动作会被"正确"的回答强化——那些与辅助者想看到的相对应的动作。反过来，孩子也会逐渐学会跟随辅助者的温和引导，允许他或她的手在辅助者几乎看不见的手臂动作的引导下移动。

天真现实主义几乎肯定也起了作用，就像在聪明的汉斯身上所做的一样。助推者亲眼目睹了这种技术的戏剧性效果，他们发现很难否认他们所感知到的明显证据，这是可以理解的。然而，我们在第一章中也发现，有时候相信就是看到，而不是相反。试图帮助发育障碍者交流的促进者只看到了他们想看到的，也就是说，辅助沟通似乎起作用了。这样的自欺欺人是真诚的，没有恶意。辅助沟通的幻觉被确认偏误进一步助长，这种倾向——无论是有意识的还是无意识——只关注证实我们所相信的证据。与奥斯滕在询问聪明的汉斯时所做的类似，如果辅助沟通引导者提出某些问题，通常会得到他们希望和期待得到的答案，这很大程度上是因为他们自己在制定回答。

更糟糕的是,辅助沟通的辅助者可能会对孩子提供的回答类型进行选择性的判断。条理清晰的回答会被解读为非语言者的隐藏智慧的反映,而语无伦次或毫无意义的回答则很容易被当成是疲劳、动力不足、注意力分散或抗拒接受测试的产物而被抛弃。还有一些情况下,模棱两可的回答可以根据一个人的欲望和期望来解释。在 1993 年的一部纪录片中,[41] 一个患有自闭症的女孩,很喜欢看到她的父亲摇鼻子。有一天,她刚到家,找爸爸却无果而终,在引导员的帮助下打出了"I-M-S-N-O-S"。母亲立即将这条信息解读为"我想念鼻子"。

认知失调也起到了一定作用,就像奥斯滕和聪明的汉斯的其他提倡者一样。回想一下,认知失调是指当我们的两个或两个以上的想法发生冲突时,我们倾向于感到精神紧张。当我们体验这样的内心冲突时,我们有动力去减少它,比如说服自己其中一个想法背后的证据是错误的。在辅助沟通的例子中,大多数参与者可能只是通过说服自己他们是正确的,而科学研究是错误的,从而解决他们脑海中的不和谐声音。

随着 20 世纪初和 90 年代中期一致反对辅助沟通的负面证据的增加,它的支持者开始诉诸大量的事后假设,来解释这些令人失望的事实,就像聪明的汉斯的错误被归咎于疲劳、固执、情绪不佳和其他愈发牵强的解释一样。例如,一些辅助沟通的支持者坚持认为,实验测试是无效的,因为他们把自闭症儿童置于"对抗性"的情况下,在这种情况下,他们感到有压力。查曼大学(Chapman University)的教育学教授唐纳德·卡迪纳尔(Donald Cardinal)认为,辅助沟通的正式测试对儿童参与者来说压力太大,使得阴性结果难以解释。其他辅助沟通的倡导者则指责说,对照试验是在新的环境中进行的,或者使用了不熟悉的设备,所以它们产生了不理想的结果。还有一些人认为,如果儿童有更多的时间来回答问题,他们肯定会得出一些正确答案。

然而,这些事后解释的明显问题是,许多没有通过正式的辅助沟通对照测试的孩子,早些时候能在专业会议上面对摄像机和数百名目瞪口呆的观众进行讨论。这些孩子中的许多人在智力测试中也表现出色,通过了课程中的高压考试,或者在其他新环境中很容易发挥智慧,对复杂的问题毫不迟疑地给出详细的答案。对对照研究持批评态度的人还忽略了一个事实:在大多数已发表的研究中,孩子们与他们已经习惯的辅助者配对,并在给出正确答案时,得到最喜欢的好吃的东西作为强化。

艾斯琳的悲惨案例就是这种事后解释的过度使用的例证。有明显的迹象表明,那些据称出自艾斯琳之口的句子,实际上却是出自她的辅助者斯卡塞拉之口,但相信这种技术的人对此熟视无睹。例如,艾斯琳不能正确拼写她哥哥伊恩的名字,但她能正确拼写斯卡塞拉哥哥的名字。艾斯琳的一些表达讨论了她的宗教观点;然而提到的主题来自基督教,这是斯卡塞拉的宗教,而不是温德罗一家的犹太教。这再次表明,确认偏误和认知失调可能共同导致辅助沟通的倡导者忽视或重新解释与他们观点相悖的证据。

更广泛地说,所有这些英勇的辩护都忽视了一个明显的反论点。原则上,可能在一定程度上能够解释为什么儿童在这些研究中的表现不那么完美,或者为什么儿童在对照测试中犯的错误比在自然环境中犯的错误更多。然而,这些事后假设都无法解释,为什么在控制良好的试验中能够用辅助沟通写长诗或多页文章的孩子,突然无法对最简单的问题给出任何正确答案。

这些毁灭性的研究发现并不是为辅助沟通在科学界饱受争议的声誉敲响的唯一丧钟，此外还有令人发指的性侵问题。温德罗一家、斯托奇一家、惠顿一家和其他几十个家庭都曾遭受过可怕而耻辱的性侵指控，在某些情况下，他们甚至被迫与家人分离——谎言和牢狱之苦——仅仅是因为反驳了性侵指控。这些指控中的绝大多数从未得到证实。

本章开篇的温德罗夫妇的悲剧，很难说有一个"幸福"的结局。但至少在温德罗夫妇看来，他们得到了一个满意的结论。在法庭上，波士顿儿童医院的心理学家、著名的辅助沟通批评者霍华德·谢恩（Howard Shane）说服了法官马克·巴伦（Marc Barron），允许艾斯琳回答一系列问题，而她的辅助者辛西娅·斯卡塞拉则暂时离开了法庭。朱利安·温德罗还在栅栏后，穿着橙色囚服，站在法庭后面看着她，艾斯琳试图回答18个关于她自己和她的家庭的问题。每个问题律师先在斯卡塞拉缺席的情况下询问艾斯琳，然后再请斯卡塞拉重新进入法庭，为艾斯琳的回答提供帮助。

"你的毛衣是什么颜色的？"

有人问艾斯琳。

她随口回答："JIBHJIH。"

"你有兄弟姐妹吗，如果有，他/她叫什么名字？"

艾斯琳的回应："EFEHHA。"

"你现在手里拿的是什么？"

"我14岁。"

就这样，18个问题都是这样。令法庭上大多数旁观者惊讶的是，艾斯琳的所有回答都是彻头彻尾的胡说八道。由于未知的原因，即使在辅助沟通的这一引人注目的失败演示之后,法官仍然拒绝降低朱利安·温德罗的保释金金额。然而,很快,检察官们自己也开始对朱利安·温德罗的指控抱有严重的怀疑。2008年2月22日,也就是最初指控的近4个月后,朱利安被判有罪。

3月10日,检察官撤销了对他的指控。次日温德罗夫妇和他们的孩子团聚了。2011年2月,在与警方达成的一项具有里程碑意义的和解协议中,温德罗夫妇获得180万美元的赔偿金以补偿他们所遭受的误解和精神上的痛苦。警察局的律师威廉-利亚姆·汉普顿(William-liam Hampton)承认警方将重新评估他们在此案中的程序,他说:"我想不出警方会有什么不同的做法,因为我们真的不认为他们做错了任何事。"[42]

其他一些针对父母的虐待案件,包括马克、劳拉·斯托奇和惠顿夫妇的案件,都遵循了同样的情节线,并以类似的方式结束。虽然被指控的父母最终与他们的孩子团聚,但他们的生活被撕裂了,他们的名誉也严重受损。20世纪90年代,其中几起案件引起了媒体的广泛关注,进一步加剧了人们对辅助沟通的科学性和道德性的怀疑。在这方面,辅助沟通在十年后的温德罗案中重新出现是值得注意的——也是令人不安的。早期案件的教训显然没有被吸取。

虐待儿童的指控从何而来?辅助者心中的潜在信念是什么,导致他们在没有意识到自己在这么做的情况下,植入了这些可怕的指控?我们可能永远无法得知。尽管如此,正如我们前面提到的,"虐待叙事"在许多流行心理学中是普遍存在的,许多辅助者可能认为,那些看起来身体正常的儿童——通常似乎在刚出生时发育正常——一定在生命早期经历了可怕的创伤,最终导致认知能力如此受损。此外,贝特尔海姆等人的心因性观点,倾向于对自闭症天才儿童进行精神分析以释放潜能,相关看法虽然被科学界否定,但仍然存在于许多流行文化中。

传播学研究者霍华德·谢恩所说的救世主效应可能也起了作用。几乎所有的辅助者看起来都是有爱心和善意的人,他们可能觉得有义务把孩子从他们认为的父母严重不称职的生活中拯救出来,包括他们想象中可能的或隐藏的忽视与虐待。还有一个成因可能是误导性的信息:根据一些来源,研讨会上的辅导者了解到,13%或更多的自闭症儿童遭受过性虐待。[43] 不管原因是什么,由辅助沟通产生的大量未经证实的虐待指控严重损害了这个方法的可信度。

到 20 世纪 90 年代中期,反对辅助沟通的科学结论势不可挡。包括美国精神病学协会、美国心理学协会、美国儿童与青少年精神病学学会、美国智力迟缓协会、美国儿科学会在内的数十个主要专业组织都发表了官方声明,宣布辅助沟通无效,或者充其量从科学的角度来说极具争议。1993 年底,PBS 节目《前线》(*Frontline*)以辅助沟通为主题制作播出了一个现在已经成为经典的节目,名为《沉默的囚犯》(*the Prisoners of Silence*),由乔恩·帕尔弗雷曼(Jon Palfreman)制作。[44] 这个节目和其他由哥伦比亚广播公司的 60 分钟节目以及美国广播公司的 20—20 节目(都在 1994 年)进一步促进了公众和职业人士反对辅助沟通的潮流。尽管道格拉斯·比克伦继续在叙利亚大学经营着他的促进交流研究所,但在辅助沟通社区之外,很少有自闭症专家把他的主张当回事。目前还没有系统的调查数据,但似乎可以清楚地看到,辅助沟通在全国各学区的使用大幅下降。

到 2000 年,辅助沟通即使没有消亡,也似乎奄奄一息。2001 年,美国奥多明尼昂大学的心理学家马克发表了一篇综述,回顾了此前六年积累的关于辅助沟通的已发表研究证据,并没有带来更多的曙光。虽然承认一些方法论上有缺陷的研究得出了支持或混合的结果,但马克总结道,那些实施了严格的"控制程序的研究发现,辅助沟通的有效性几乎没有得到支持"。[45] 在 2005 年一篇题为《辅助沟通的兴衰》的文章中,著名的自闭症研究人员伯纳德·里姆兰(Bernard Rimland)记录了辅助沟通令人瞩目的流行和壮观的崩溃。[46]

然而,正如哲学家乔治·桑塔亚纳(George Santayana)在 1905 年的著名文章所说的:"那些无法记住过去的人注定要重蹈覆辙。"很少有人预料到,辅助沟通的流行信念将经历一次重大的回归。

死灰复燃

我们从"聪明的汉斯"的故事中学到,思想不像人和马,是不会消亡的。辅助沟通的自欺欺人之所以能活下来,也是因为普通大众记性不强。更重要的是,人们从一开始就没有听说过辅助沟通这个名字,当辅助沟通丑闻出现在新闻中时,能辨认出它的人可能还没有出生。新一代的人不得不重新去了解这个我们可以称为"聪明的汉斯"的现象。

"更重要的是,尽管我们对自闭症的认识在科学上取得了实质性的进步,但这种疾病仍然无法治愈,在很大程度上难以治疗。"即使是最有效的治疗方法,包括应用行为分析,也远不是灵药。家长和老师们希望有一项发现,能让他们"打通"自闭症儿童的内心世界。基于所有这些原因,另一个"永不消失的马"的化身,天然具备了来一次惊人复活的舞台。

图2.1中的图表是由心理学家詹尼佛·维克和特里斯坦·史密斯构建的,讲述了一个有趣的故事。正如我们所料,在20世纪90年代初,辅助沟通技术被引入美国并迅速普及后,大众媒体对它的提及数量迅速达到了顶峰。然而,同样不令人意外的是,随着科学对该技术的质疑,媒体的报道在90年代中后期下降,并在21世纪开始的几年里达到最低点。

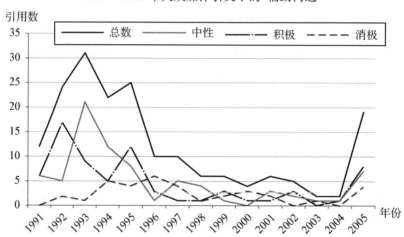

数据来源:Wick, J. and Smith, T. (2009) "Controversial Treatments for Children with Autism in the Popular Media." *ABA Special Interest Group Newsletter*, 25(1),5-11.

图2.1 1991—2005年"辅助沟通"在流行媒体中的被引用情况

然而,在2004年,情况开始发生变化。我们不完全清楚发生了什么,但媒体报道的突然激增,可能部分源于那一年一部制作精良的纪录片《自闭症是一个世界》(*Autism Is a World*)的上映,这部纪录片获得了奥斯卡最佳纪录短片的提名。《自闭症是一个世界》由获奖演员朱莉安娜·马古利斯(Julianna Margulies)解说,讲述了一位26岁的女性苏·

鲁宾(Sue Rubin)动人的人生故事,她在童年时被诊断出患有自闭症。经过智商测试,她还被诊断为智力障碍,被认为只具有 2 岁儿童的心理年龄,尽管她已是十几岁的青少年。然而,在 13 岁的时候,鲁宾接触到了辅助沟通,这永远改变了她的人生。她最终毕业于加州惠蒂尔学院(Whittier College)的拉丁美洲史专业,成为了一名杰出的为残障人士争取权利的活动家。《自闭症是一个世界》展示了鲁宾的自我发现之旅,并没有对辅助沟通提出明确的批评,也没有提及对其主张进行正式的独立测试。联合制作这部影片的卡布尔新闻网(CNN)为这部纪录片增加了宣传力度,在 2005 年 5 月允许它重复播放。

奇怪的是,尽管这项技术在科学界的负面名声根本没有改变,也没有出现任何新的令人信服的科学证据来支持。然而,在过去十年左右的时间里,有些情况共同提升了辅助沟通在普通公众和许多从业者眼中的威信。

2005 年,尽管科学界在十多年前就对辅助沟通进行了大规模的反对,道格拉斯·比克伦还是被任命为雪城大学教育学院院长(他一直担任该职务到 2014 年初),这似乎证明了他对发育障碍群体的科学贡献是正确的。比克伦的这一职位由雪城大学校长南希·坎特任命,南希本身就是一位著名的心理学家,也是一位自闭症儿童的母亲。与此同时,辅助沟通在学校和社区的应用似乎也在扩大。2006 年,德克萨斯大学奥斯汀分校的教育心理学家凡妮莎·格林(Vanessa Green)[47]和她的同事进行的一项调查报告显示,9.8%的自闭症儿童父母报告说,他们的孩子目前正在接受辅助沟通治疗,与十年前相比,几乎可以肯定有了明显的增长(尽管无法获得 20 世纪 90 年代的系统调查数据)。

提倡者们看到了其他令人鼓舞的进展。2010 年，另一部纪录片《可怜的人和闲聊的人》（Wretches and Jabberers）在全美 100 多家影院上映，讲述了两个自闭症患者通过辅助沟通学会交流的情感之旅。尽管《纽约时报》影评人尼尔·根茨林格（Neil Genzlinger）指出，"这部电影对这两个男人如何取得最初突破的描述模糊得令人抓狂"，但他写道，"它当然证明，即使是那些被认为是来自星星的孩子的人，也能发出自己的声音"。[48] 2011 年 7 月，世界一流大学之一的麻省理工学院媒体实验室在比克伦的雪城大学团队的协助下，赞助了一场关于辅助沟通的会议。

道格拉斯·比克伦（Douglas Biklen）一直在巩固自己作为残疾儿童捍卫者的声誉，尤其是他倡导为有智力障碍的儿童扩展交流方式。2012 年，他获得了联合国教育、科学及文化组织（UNESCO）埃米尔·贾贝尔·艾哈迈德·贾贝尔·萨巴赫奖，以表彰他在促进残疾人之间交流方面所做的国际努力。雪城大学校长南希在回应这一著名奖项的宣布时表示："联合国教科文组织对比克伦在为教育残障人士提供奖学金和倡导方面的国际领导地位的认可是理所应当的。"[49]

媒体对辅助沟通的正面报道也有所反弹。2012 年 1 月，读者众多的《赫芬顿邮报》刊登了一篇关于雅各布·阿特森（Jacob Artson）的不加批判的报道，这个 17 岁的洛杉矶男孩没有语言能力，并被诊断患有自闭症和智力障碍。这篇文章告诉读者，当雅各布在他 7 岁生日前不久发现辅助沟通时，"奇迹发生了"，接着描述了他惊人的转变：雅各布展现了通过打字表达自己的能力，也许最值得注意的是他雄辩、深思熟虑和聪明的程度。他给《赫芬顿邮报》发了一封邮件解释在他能交流之前的情况。

"在我接触打字之前,我陷入了焦虑、恐惧和绝望。我阅读身边的一切,从书到电视演出表,再到厨房桌子上的报纸,但我没办法同任何人分享我的想法,所以我只是退回到自己的想象世界中。我没有自杀倾向,因为我有一个非常支持我的家庭,但我总是对自己的局限感到沮丧。"[50]

2009年,包括有线电视新闻网、福克斯新闻和微软全国广播公司在内的众多主要新闻机构,都毫不怀疑地报道了罗姆·胡本令人惊叹的非凡故事。胡本是一名46岁的比利时人,在一场严重的车祸后,他一直处于植物人状态长达23年。尽管20多年来,人们一直认为胡本有严重的脑损伤,但在辅助者的帮助下,他突然开始打出连贯的句子,辅助者帮他稳住了手。"我永远不会忘记他们发现我真正问题的那一天。那是我的第二次重生。现在人们知道我没有死,我想通过电脑和朋友们聊天,享受我的生活。"[51] 在一篇被多家新闻网站转载的网络报道中,天空新闻(Sky news)报道称,"一名被认为昏迷了23年的工程专业学生实际上一直都是清醒的,这一消息已经浮出水面"。[52]

最初,分享胡本故事的神经学家斯蒂芬拒绝了外界对胡本进行独立测试的所有请求,声称他已经验证了胡本交际能力的真实性。一名研究人员向他展示了15件辅助者看不见的物品,然后让他在辅助者回来后输入它们的名字。实际上胡本的15次试验都失败了。然而,这些负面结果只得到了极少的媒体报道。[53]

在很大程度上,辅助沟通的成功是靠品牌重塑。许多这种技术的倡导者不再使用这个术语,可能主要是由于它已经获得了明显的负面含义。取而代之的是,这种方法现在被正式命名为"支持键入"。与此密切相关的一种技术被称为快速提示(rapid prompting),即辅助者根据被试者的手部动作轻微地移动标语牌。然而,快速提示与传统的辅助沟通一样,完全容易受到意念运动效应的影响。道格拉斯·比克伦在雪城大学的研究中心仍在继续运作和发展,但更名为"沟通与包容研究所"(Institute for Communication and Inclusion)。

辅助沟通研究所

许多辅助沟通的支持者在反击科学怀疑者时变得更加自信,或许也坚信它更加有效。[54] 在 2011 年发表的一篇文章中,一名该方法的捍卫者甚至将学术界对辅助沟通的批评谴责为"仇恨言论",认为"持续的反辅助沟通,在没有证据支持的情况下质疑辅助沟通用户的智力,破坏了他们行使言论自由权利的机会相当于仇恨言论。"[55] 这一论点忽略了一个关键事实,即建设性批评是科学的命脉。没有它,知识的增长就会停滞不前。在科学中,任何断言都免不了被批评,因为这种审视正是科学进步所必需的自我纠正的引擎。

我们想用 1992 年贝特西·惠顿性侵案的引导者珍妮斯·博因顿的话来结束这一章。用珍妮斯·博因顿自己的话说,她是辅助沟通的"信徒和不服气的捍卫者"。所以,当证据不支持她对辅助沟通的信念时,她面临着威廉·冯·奥斯滕和席林斯差不多 100 年前就面临过的两难境地:当科学证据不支持你相信的东西时,你会怎么做?珍妮斯·博因顿开始后悔自己之前扮演的推动者的角色,就像"聪明的汉斯"故事中的席林斯一样,她成为了一个既能承认错误,又能帮助别人避免犯错的罕见例子。在这方面,她是谦逊的榜样,这种谦逊是通过以科学的态度生活来实现的。在 2012 年的一篇文章中,她谦逊而勇敢地承认了自己 20 年前的错误,并提出了有针对性的建议。这篇文章针对的是相信辅助沟通的人,但也是我们都可以牢记在心的建议:

> 找到一种把伤害和羞耻放在一边的方法,说出你的经历。我们无法抹去我们的行为所造成的伤害,但我们可以为我们在辅助沟通神话的延续中所扮演的角色承担责任。现在是时候停止这种对我们致力于保护的人造成不利影响的做法了。[56]

第三章

日常生活中的"聪明的汉斯"效应

> 对于热爱真理的人来说,无论谁对真理满意还是不满意,都是无关紧要的。
>
> ——卡尔·斯顿普夫

在这个简短的结尾章节中,我们将指出聪明的汉斯效应——我们倾向于感知我们想要相信的东西——影响我们日常思维的不同方式。结果有时是幽默的,有时是尴尬的,有时甚至是昂贵的,但它总是思维草率的结果。聪明的汉斯效应也会对现实世界产生深远的影响。例如,它会影响我们的日常行为,导致我们的行为没有帮助,甚至是有害的,就像苏珊用胶带把窗户贴起来,以抵御即将到来的飓风。聪明的汉斯效应甚至会影响公共政策,如果我们只是因为相信这些计划,而不断地为昂贵而无效的社会计划买单,那么我们的公共政策也就失去了意义。[1]

我们还将指出通过培养批判性思维、客观分析和健康的怀疑主义(healthy skepticism)来抵制聪明的汉斯效应的方法。然而,重要的是不要把健康的怀疑主义与愤世嫉俗混为一谈,前者要求对新思想持开放的心态,而后者则涉及思想封闭。太急于否定任何主张或信念可能和过于

开放的态度一样有害。²

但是,我们可以从聪明的汉斯和辅助沟通的令人不安的故事中学到一些积极的东西。学习如何清晰地思考,它有一种鼓舞人心的美;它让我们几乎预言性地看到那些耐心等待和科学思考的后代的奇迹。例如,查尔斯·达尔文的自传(写于1887年)记录了当改变世界的观点——自然选择——的新证据最终在他的脑海中形成时,他的感受:"我能记得在我的马车里路上的那个地点,"达尔文写道,"当我高兴地想到解决办法时……"³当达尔文有了丹尼尔·丹尼特所描述的"有史以来最好的一个想法"时,这是人类认识的一个创造性时刻。⁴在那短暂的一瞬间,他的思维习惯产生了一种洞察力,这种洞察力帮助科学家发明了拯救生命的抗生素,在理解我们的世界方面取得了深远的进步,并让人惊叹地看到了一个充满"无穷无尽的最美丽、最奇妙的形式"⁵的世界。我们相信人类具有的积极潜能,这就是我们相信批判性思维的原因。

一只叫土豆的狗

土豆是一只萨摩耶犬,属于中国江苏省一个叫卢泽生(音译)的人。尤其是,土豆是YouTube上有名的中国数学天才狗。例如,当被问到1000万有几位数字时,它会正确地叫8次。这对一只狗来说似乎是一项惊人的成就,但你不必仔细地去看YouTube上土豆的表演视频,就能发觉可能存在的聪明的汉斯效应。当"土豆"叫出正确答案的最后一个数字时,它的主人卢泽生猛然抬起了下巴,很可能是在暗示"土豆"停下来。我们可以相当有把握地得出这样的结论:虽然"土豆"很可爱,但它并不是一个数字大师。尽管如此,这并没有阻止世界媒体对它的大肆报道。例如,英国新闻来源《每日电讯报》告诉我们,"土豆还能记住手机号码,甚至人的年龄"。[6] 很遗憾,在聪明的汉斯忙着在地上比划的时候,我们还没有 YouTube,但我们确实有会叫的"土豆"。

另一个"聪明的汉斯"效应在大象身上有所体现,它们似乎在画美丽的风景、花朵、其他大象的图像,甚至自画像(在网上搜索大象绘画)。如果眼见为实,那么这些大象就是成就斐然的艺术家,但在你为这些画慷慨解囊之前,你可能要仔细观察一下那些操纵这些大象的人。饲养员已经学会了如何把手伸进大象的耳朵里,来指导大象如何移动用鼻子尖抓住的画笔。即使没有欺骗,大象真的在画画,这也非常令人印象深刻。每个驯兽师都学会指挥他们的大象只画一个场景。问题是……相信大象会选择画画不是更有趣吗?好吧,这可能取决于你为大象画花了多少钱。无论是一只会数数的狗,还是一只会画画的大象,都并不是我们可能遇上的最糟糕的事情。实际上,有些自我欺骗的后果要严重得多。

毒品嗅探实验室(牧羊犬或小猎犬)

许多品种的狗都足够聪明,能够注意到人类的暗示,特别是当它们对这些暗示做出反应而获得奖励时。例如,本书的作者之一(苏珊)教她的狗"阅读"。通过定期的训练和奖励,狗狗学会了当一本书放在它面前时,它的头会慢慢地前后移动。这种与生俱来的学习对人类暗示做出反应的能力,狗与人共同进化了数万年,使狗成为最好的工作动物之一。狗能放牧羊群、天黑后看守企业、给视力残障的人带路。长期以来,人们也认为狗狗非凡的嗅觉使它们适合做另一项工作——识别隐藏的毒品或炸弹。

如果你去过大型机场的候机楼，参加过大型体育赛事，或者参观过著名的纪念碑，你可能见过嗅毒犬或嗅弹犬。在驯导员的陪伴下，这些狗因其超凡的能力而受到称赞，能够带领执法人员找到运送违禁品和毒品的罪犯，而且可以不受我们人类的偏见影响。毕竟，狗不太可能根据种族、年龄、性别、衣着或其他可能影响我们第一印象的变量来识别可疑的行李或包裹。

此外，偶尔出现的英勇犬的故事生动而令人难忘。2010年，海军陆战队员布拉德利·奥基夫（Bradley O'keefe）在阿富汗被叛乱分子安置的简易爆炸装置（IED）炸伤。[7] 奥基夫说，厄尔是他的救命恩人，当海军陆战连接近一座步行桥时，奥基夫解释说，厄尔"正在做他该做的事，用尾巴提醒海军陆战队员，附近有简易爆炸装置。叛乱分子炸毁了该装置，但由于厄尔的警觉，海军陆战队员在桥前停止了前进。有几人受重伤，但没有人死亡。奥基夫回到美国接受治疗，厄尔在轻伤痊愈之后继续嗅探炸弹。厄尔在海军陆战队工作了一段时间，之后被调回美国，加入罗德岛州警察局。在这个职位上，他像完成许多其他任务一样，在波士顿马拉松爆炸案的后续工作中，曾在终点线嗅探炸弹。2013年，经过奥基夫和他的家人长期寻找，奥基夫和厄尔重逢了，厄尔将作为伴侣动物度过它的一生。"它昨晚和我一起睡在床上，"奥基夫告诉记者，"我们会尽可能多地相处。"[8]

尽管厄尔的故事感人至深，而人们也普遍相信，这种容易训练的动物在嗅探犯罪方面大显身手，但我们有理由相信，至少有些缉毒犬和炸弹嗅探犬可能是另一个版本的"聪明的汉斯"。例如，查尔斯·梅斯洛（Charles Mesloh）和他的同事在回顾关于气味探测的文献综述中告诫说，研究应该"要求狗有更多的自主权，在没有驯犬人在场的情况下进行非训导练习，这可能会更准确地反映出每只狗的实际能力"。[9] 这些作者间接引用了聪明的汉斯效应，指出在缺乏人类线索的可能性的情况下，气味侦测还没有在人类潜在指引缺失的情况下得到仔细的研究检验。

梅斯洛和他的同事们对狗的能力多大程度上独立于它们的驯养者的程度的担忧是有数据支持的。

澳大利亚的一项政府研究发现，假阳性（虚假识别）的发生率很高；超过 10 000 次的警报中，只有 26％发现了毒品。[10] 在另一项研究中，《芝加哥论坛报》（Chicago Tribune）分析了警察局 3 年来使用缉毒犬为搜查汽车提供正当理由的数据，发现只有 44％的警犬警报导致发现毒品或毒品用具。报上文章称，在西班牙裔司机中，只有 27％的搜索结果是违禁品，这可能是种族倾向的迹象。[11] 《芝加哥论坛报》报道称，警犬驯导员认为，这些狗可能是探测到了之前在车里的毒品气味。尽管如此，记者们也注意到，那些既支持又担心使用缉毒犬的人担心，驯犬员有时可能会给狗一些暗示，例如，花大量时间检查一辆特定的汽车。

这一间接证据支持了一项精心设计的实验。丽萨和她的同事们[12]研究了 18 对"气味探测犬"和它们的训练者，要求训练者指出狗狗提醒驯导员它们闻到气味的地方。在实验的某些条件下，研究人员告诉训练者，他们的狗应该能够捕捉到一些气味，而视觉标记表明了这些气味的位置。在现实中，既没有炸弹的气味也没有毒品的气味，而且这项研究是在一个没有用于气味探测的教堂中进行的。几乎不可能有任何毒品或炸弹曾经出现在这个地点。因此，狗发出的任何警报几乎肯定都是假的。

然而，训练者经常报告说，他们的狗提醒他们一种或多种气味。事实上，在144次搜索中，只有21次没有引起发现任何气味。丽萨和她的同事得出的结论，对于这些令人不安的发现，存在两种可能的解释："要么(1)驯犬员错误地在他们认为目标气味所在的位置发出警报，要么(2)驯犬员认为气味的存在影响了狗的警觉行为，因此狗会在驯犬员指示的位置发出警报（即聪明的汉斯效应）。"[13] 事实上，在18对实验对象中，观察到有三名驯犬员以明显的方式暗示他们的狗狗存在某种气味。不难想象，其他训练者可能也在以更微妙甚至无意识的方式给他们的狗狗暗示。

回想一下开头关于伯特、厄尼和短吻鳄的故事。当我们只注意到缉毒犬发出的警报导致的毒品被发现时，我们只看到了其中的一种可能性，就像厄尼只注意到他的耳朵里有香蕉，而广场上没有鳄鱼一样。新闻媒体往往没有听说过假阳性，也就是一条狗提醒驯导员注意毒品或炸弹，但实际上并没有。而且，除了携带毒品或炸弹的人之外，没有人知道那些有毒品或炸弹而狗却没有提醒驯导员的情况。最后，甚至没有人关心狗有没有发现无辜的人情况。

	有毒品和炸弹	没有毒品和炸弹
狗发出气味警报	正确的警报；是人们关注的和想要的结果	假阳性；人们没有听过这样的情况
狗不发出气味警报	假阴性；无人知晓	正确的非警报；人们对此不做考虑

需要进行更多的研究。例如，丽萨和她的同事们只研究了没有违禁品的两个盒子。如果能研究当驯导员什么也没告诉狗，或是告诉狗里面没有毒品时，狗能否独立找到毒品，那将会很有帮助，但有证据表明至少在某些时候，嗅探犬存在聪明的汉斯效应。从一个社会整体出发，我们应该仔细思考，缉毒犬在搜查时是否规避了正当合理的搜查，让驯导员有意无意地决定何时进行搜查。

当然，这不只是马和狗的问题。一些著名的社会干预措施似乎也不过是"聪明的汉斯效应"。以下是一些例子，每一个都给我们上了一堂重要的关于"永不消失的马"的教育课。

现身说法项目

"现身说法项目"是近几十年来在全国范围内推广的几个用心良苦的社会项目之一。乍一看，这听起来很有希望，正如"辅助沟通"的许多支持者所做的那样。"现身说法"项目会找出被认为有犯罪风险的青少年，把他们带到成人监狱，听囚犯的故事，参观设施，在某些情况下，和成年囚犯一起在监狱里待上一天。在这个项目进行中，囚犯对着年轻人尖叫，目的是吓唬他们。顾名思义，它为年轻人带来了一种吓人的体验，旨在降低他们未来犯罪的可能性。

这个项目对政策制定者、刑事司法专业人员和忧心忡忡的家长都有直观的意义。许多参加过该项目的年轻人含泪宣布，他们的生活发生了改变。尽管有如此感人的故事，但反对这个项目的证据却令人震惊。最著名的关于这一社会安全项目的研究综述发现了有害影响，在那些参与该项目的人中,未来犯罪行为的比例更高。[15] 在一项关于该项目的研究中,随机分配参加项目的青少年中,41%的人在六个月内犯下了新的罪行。在这段时间内,被随机分配到对照组的年轻人中,只有11%的人有新的违法行为。[16] 2007年,利菲尔德在他的文章《造成伤害的心理治疗》中列出了该项目,而美国司法部(DOJ)现在已拒绝继续资助这个项目,并指出它可能违反了联邦法律。[17]

就像关于聪明的汉斯和辅助沟通的持续自我欺骗一样,对"现身说法项目"的研究和司法部的判决并没有终止这些项目。在谷歌上快速搜索一下,就能找到从俄克拉荷马州、伊里诺瓦州到弗吉尼亚州等地最近或正在进行的该项目的详细信息。其中许多细节在2011年首播的A&E真人秀节目(*Beyond Scared Straight*)中得到了永生。面对正在进行的项目,两名司法部官员在2011年的一篇专栏文章中写道:"尽管有明显的相反证据,但这类项目仍被吹嘘为有效,这一事实令人不安。"[18]

聪明的汉斯效应的很多例子,都利用了我们支持对社会有益的事情的愿望:帮助自闭症患者;防止恐怖袭击;拯救有问题的青少年,让他们远离犯罪生活;或者,在下一个例子中,防止药物滥用。

抵制药物滥用教育项目

非常受欢迎的抵制药物滥用教育项目(简称"教育项目")仍在寻找科学证据以证明它的价值,探究每年花费在该项目上的数百万美元真正价值几何。我们说的是数百万美元。据赫克特和他的同事说,[19] "教育项目"覆盖了美国44个国家的社区,其运营结构"像特许经营一样"。但是，当本书的第一作者（托马斯）第一次向他的妻子流露出对"教育项目"的一丝怀疑时，她的第一反应是把他当作叛徒。他们的孩子都参加过这个项目，孩子们并没有吸毒。这不就是我们需要的全部证据吗？托马斯不喜欢和妻子意见相左，但还记得相信香蕉有保护作用的厄尼吗？厄尼只关注自己的经验。好吧，第一作者的女儿不碰毒品这一事实并不能证明"教育项目"是有效的。

那么，对"教育项目"的保护能力进行的许多仔细评估呢？评估表明，"教育项目"基本上是无效的，甚至可能助力轻微的药物滥用。这并不像看起来那么荒谬。行为风险高的人群通常会对强硬的信息做出防御性反应——换句话说，当高风险青少年被告诫远离禁果时，禁果的诱惑往往会更强烈。此外，"教育项目"可能传播了吸毒的时髦语言，使其对青少年来说更熟悉，更有吸引力。[20]

我们怎么知道对教育项目的信仰是聪明的汉斯效应的另一种自欺欺人的表现呢？答案是，几十年的仔细研究。所有这些研究还会是错的吗？当然，这是科学的方法，但是"教育项目"已经被很多不同的人独立评估过很多次，以至于研究人员进行了不止一次而是两次的元分析——汇集可用证据，并对相关研究进行研究。"教育项目"于 1983 年左右开始于洛杉矶的小学，并迅速蔓延到美国各地。第一个元分析在 10 年后发表，[21] 指出教育项目对减少药物使用只有"轻微"和"无统计意义"的影响，这一结果源自研究人员对数千名参与者的评估。为什么"教育项目"无效？分析人士指出，"'教育项目'核心课程针对的小学生吸毒频率相对较低"。[22] 这显然是在砸钱，在这些小学生中，问题在很大程度上并不存在。

但是，当这些孩子成长为青少年或到了更大的年龄时，延迟效应又会如何呢？"教育项目"背后的真正想法不就是在问题出现之前，"趁他们还小的时候解决问题"吗？恩耐特和同事们在1994年的元分析中得出的结论是，"没有证据表明教育效果会在受试者年龄长大时被激活"。[23] 第二项元分析直率地得出结论，新的证据"支持先前的结果，表明'教育项目'是无效的"。[24] 从那以后，"教育项目"进行了修订，但几乎没有证据表明，新版的"教育项目"（美国纳税人资助的美国版本）比原来的版本更好。[25]

公平地说，一项研究发现了少量定性证据，从警察的角度来看，"教育项目"可能有助于在警察和年轻人之间建立暂时的关系。[26] 在这项研究的诸多问题中，有一个十分值得注意的地方，警察部门事实上是这数百万美元的接受方。[27]

本书的作者之一曾有一个表亲死于吸毒过量，我们知道，在悲伤中的我们并不孤单。我们迫切地希望一些东西——任何东西——能奏效。滥用药物会产生可怕而持续的后果，而"教育项目"有一个很棒的名字，由一群善良的人实行，有一个基于教育的理由，有一个非常引人注目的外在形象。但是，除非有人能拿出明确可靠的证据，证明这个项目值那么多钱，否则最合理的结论就是，"教育项目"不过是一个花费数百万美元的自欺欺人的案例；可能会让它的赞助商感觉不错，但仅此而已。滥用毒品太过于隐蔽了，不该在无效的项目上浪费巨资。

当然，营销人员早就意识到我们愿意去感知我们已经相信的东西，清晰的、批判性的思维可以拯救我们的一个实际途径是为我们省钱。

你的宝宝会阅读

"你的宝宝会阅读"是一系列视频,售价高达 200 美元,声称能在大多数孩子还没有发育成熟之前教会婴儿阅读。家长们可以在亚马逊等网店和沃尔玛、沃尔格林、玩具反斗城和 BJ 批发俱乐部等实体店购买这些视频。这些视频也通过推特和脸书一系列渠道信息,如免费电话和电视广告,直接进行营销。[28] 电视广告展示了婴儿观看屏幕上的文字,然后大声说出这些单词。[29] 这看起来确实像是这些婴儿在阅读,而且很好地迎合了我们熟悉的"天真现实主义"心理,我们在前面的章节中描述过:这是一种本能的倾向,认为我们可以相信亲眼所见的东西。

批评人士指出,婴儿的"阅读"更有可能只是简单地记忆整个单词,而不是真正的阅读,最终美国联邦贸易委员会(FTC)对"你的宝宝会阅读"的营销人员提出了虚假广告指控。此案于 2012 年以联邦贸易委员会胜诉告终。[30] 然而与此同时,该公司从该产品的销售中获利 1.85 亿美元。[31] 为什么会有这么多的消费者被这些视频的营销所骗?天真现实主义再次成为原因之一。广告里的婴儿似乎是在阅读,眼见为实,对吧?实际上错了。

我们怎样才能避免陷入天真的现实主义?当某样东西看起来好得令人难以置信时——无论是一匹会加法的马,一种能把患有严重或严重自闭症的儿童变成雄辩作家的技术,还是一段教婴儿阅读的视频——它很可能好得令人难以置信。我们可以要求超出我们肉眼所能看到的证据,来透过现象看本质。魔术师操纵我们的感知来娱乐我们,但我们知道自己被愚弄了。然而像"你的宝宝会阅读"这样的公司操纵我们的感知,让我们相信看到的是真实的,从而心甘情愿掏出自己的血汗钱。再说一次,我们可以避免上当,如果我们更关注科学的真实事实,并提醒自己:清晰、批判性的思维是一种美德,我们可以拯救自己。

在下一个例子中,清晰、批判性思维的主要受益者是父母,他们可能已经有够多的事情要担心了。

陌生人绑架儿童案

你害怕鲨鱼袭击、飞机失事或陌生人绑架你的孩子吗?所有这些事件都极不可能发生。这就是为什么它们会出现在新闻中,而那些更常见、更危险的事件却被当作普通事件对待:肺癌死亡、可怕的车祸和悲惨的自杀。这里有一种特殊的思维陷阱在起作用,即生动的、戏剧性的事件似乎比实际发生的要频繁得多。事实上,这被称为"生动性效应"(vividness effect),它让我们不停地拍打无形的恐惧苍蝇。

例如,我们中的许多人都认识一些父母,他们担心自己的孩子会被陌生人绑架。我们中的一些人就是这样的父母,但事情并不总是如此。历史学家保罗·法斯(Paula Fass)[32]将儿童绑架分为三类:(1)由家庭成员绑架;(2)由陌生人(通常是男性,出于经济原因或意图虐待儿童)绑架;以及(3)由试图将孩子视为自己的孩子抚养的女性。法斯报道说:"虽然第一种诱拐行为无疑是最常见的,但第二种诱拐行为及其引发的恐惧才是导致公众歇斯底里、制定新的公共政策和改变父母育儿方式的罪魁祸首。"[33]还应该指出的是,第三种绑架——由试图把孩子当作自己的孩子抚养的妇女绑架——也相当罕见,其受害者通常是婴儿。大多数父母担心他们的学龄前或学龄孩子在院子里玩耍或步行去学校时被陌生人绑架,但是这种情况发生的可能性非常小。[34]

不过,如果你的孩子是以这种方式被绑架的少数人之一,难道你不想知道如何尽一切可能来防止这种可怕的事件发生吗?我们有什么权利认为,惊恐万分的父母拒绝让孩子步行上学或在户外玩耍,是反应过度?来自司法部[35]的一份报告概述了第二次全国失踪、被绑架、离家出走和遗弃儿童发生率研究(NISMART-2)的发现,该报告主要关注1999年的数据,作者认为1999年是这类数据的代表性年份。在那一年,有115起被作者称为"典型绑架"的案件——这种绑架案符合大多数人所认为的陌生人绑架的类型。1999年,大约有7 200万儿童生活在美国,[36]所以一个孩子被陌生人拐走的概率是115/7 200万,即0.000 001 59。

每年报告有超过25万起儿童被家庭成员绑架,所以,在7 200万起报告的绑架案(即使结果是虚惊一场或与监护权争夺有关)中,被绑架的概率是25万/7 200万,即0.000 347。由于存在误报因素,这个数字可能被高估了。在这115名失踪儿童中,只有49人遇害或再也未被找到;剩下57%的儿童活着回来了。当然,对于相关家庭来说,这是一场难以言喻的悲剧,但重要的是要认识到,这种情况在特定年份里发生的几率仅为7 200万分之49,即0.000 000 681。

是什么样的恶性心理让我们强烈地恐惧发生概率如此低的事情?

对父母[37]的调查中,法斯和研究人员发现,72%的父母担心他们的孩子会被绑架——与父母担心他们的孩子会在车祸中受伤的比例

(75%)大致相同,远远高于50%的父母担心孩子会患癌症的比例。法斯探索了为什么陌生人绑架"已经成为'父母最可怕的噩梦',以及为什么恐慌与犯罪的实际发生率如此不相称"。[38] 例如,车祸和癌症的发生率实际上都比绑架更高。事实上,当我们查看数据时,我们会发现,儿童非自然原因的最主要原因(按相似度排序)是:机动车事故;枪支(他杀、自杀或事故);溺水;火灾/烧伤;中毒;窒息/勒死。[39] 2009年,超过9 000名19岁及以下的儿童死于意外伤害——即意外事故。更具体地说,如图3.1所示,2009年有4 564名美国儿童死于车祸;1 160人死于窒息事故;983人死于溺水;824人死于中毒;391人死于与火灾或烧伤。[40] 癌症是儿童死亡的第二大原因,仅次于意外事故,在自然死亡原因中排名第一。1999年,大约有2 500名儿童死于癌症。[41]

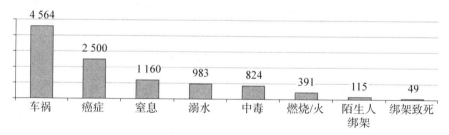

图3.1 儿童非自然原因死亡的年度发生率(含导致及未导致死亡的陌生人绑架发生率)

我们对陌生人绑架的高度恐惧心理有几个原因。首先,媒体倾向于聚集发生的案件。他们还通过新闻报道制造恐慌,引用误导性数据,夸大儿童成为陌生人绑架受害者的可能性。例如,法斯观察到,新闻媒体和受害者团体倾向于报道所有失踪儿童的综合数字,不管他们是被陌生人绑架,还是被家人绑架或者是流浪及故意离家出走。

这些组织的初衷是好的,希望提高人们的意识,希望找到被绑架的儿童——却无意中引发了公众的歇斯底里。

法斯写道:"在20世纪80年代的不同时期,美国人被误导,认为每年有多达100万的儿童失踪,并推定是陌生人绑架的对象。"[42] 事实上,截至2013年,"父母"网站称,"2001年,联邦调查局国家犯罪信息中心(NCIC)接到840 279人(成人和儿童)的失踪报告。联邦调查局估计,报告失踪的人中(大约75万人或每天2 000人)有85%到90%是儿童"。[43] 这篇在线文章仅在下页提到,"每1万名向当地警方报案的失踪儿童中,只有大约一个孩子没有活着被找到"。[44] 网站从未提到这些失踪儿童中绝大多数不是被陌生人绑架的。此外,也从未提及绝大多数未生还儿童都是被陌生人绑架的那一小群儿童(7 200万名儿童中的115人)。

作为清晰、批判性的思考者,我们可以用数据思维。例如,美国疾病控制与预防中心告诉我们,心脏病是所有年龄段人的头号死因。[45] 然而,我们大多数人并没有因此坐立不安,担心每一次心跳加速都预示着死亡。鲨鱼袭击?如果鲨鱼会让我们害怕,那么我们应该更害怕溺水,或者更害怕与野生动物的互动,例如对蜜蜂蜇后的过敏反应,或者汽车与鹿相撞。飞机坠毁?与其一想到坐飞机就紧张不安,我们更应该担心的是开车,因为据统计,汽车的致命程度远高于飞机。

还有,你担心过变态狂在万圣节的糖果里藏刀片吗?你不是一个人。在美国,大约60%的父母都有这种担忧,许多人禁止孩子吃散装糖果,或来自生人的糖果。然而,一项研究发现,目前尚没有一例陌生人在糖果中藏剃须刀片(或其他危险物品)的案例,尽管有一个家长这样做的案例报道。[46] 社会学家乔尔·贝斯特(Joel Best)最近的研究只发现了两起事件,但都没有造成损害。他的结论是:"我还没有找到一个孩子在玩'不给糖就捣蛋'的过程中被污染的糖果导致死亡或严重受伤的确凿报告。"[47] 贝斯特承认万圣节是危险的,但不是因为糖果中隐藏的危险——也许除了过量的糖。儿童被车撞的可能性是常人的四倍,而且和其他晚上相比,万圣节的晚上更容易受伤。[48]

当然,研究这些统计数据的目的不是让我们对游泳池、蜜蜂和汽车产生过分的恐惧,虽然这三者都是应该警惕的。相反,它是为了让我们把真正害怕的事情放在它们应该在的位置——而这些事的可能性远远低于我们每天所做的几乎所有事情。在这种情况下,搜索引擎可以成为我们的朋友,让我们找到准确的数据来指导我们的信念和行动。通过互联网搜索,可以从值得信赖的来源得到可靠的数据。但当我们评估这些数据的来源时,我们需要有批判性思维,因为聪明的汉斯和辅助沟通的例子都告诉我们,专家的意见可能会产生危险的误导。我们越积极地寻求可靠的数据,我们的恐惧就越符合潜在危险情况的可能性。

思维都是以儿童被陌生人绑架的威胁与可能性为基础的,首先是生动效应及其更古老的表亲——心理可得性(mental availability,也称可得性启发式)。这些误解之所以在我们的思维中持续存在,因为它们通常很有用,让我们能更快地做出决定,而不是停下思考每一个可能行动的每一种结果。但是,当思维捷径把我们带上了一条弯路时,我们就会远离现实。如果某些事情——比如绑架儿童——很容易出现在脑海中,那么我们就更有可能记住它们并感到担忧。因此,新闻中的绑架事件增加了我们的恐惧,而没有关于儿童死于车祸的新闻,使我们对这一严重得多的威胁的感知少得多。此外,如果一些可怕的事情似乎正在更普遍地发生,那么我们面临的危险就成真了。最终的结论是,爱孩子的父母应该找一些更好的事情来操心,比如开车更小心——他们对这种事情有更多的控制能力。

有时聪明的汉斯效应会产生令人捧腹的自欺欺人的效果。

妈妈主义

肯·詹宁斯提请人们注意特定文化中的"妈妈主义"。"妈妈主义"是指被广泛接受的错误信念,因为我们中的许多人在孩提时代都从母亲或其他照顾者那里听过。[49] 例如,在美国,有人建议我们不要坐得离电视太近,因为那会"毁了你的眼睛",不要刚吃完饭就游泳,因为"你会抽筋"。这些告诫常伴随我们温暖、模糊的童年记忆。那些温暖、模糊的感觉胜过我们的理性,这就是为什么这种思维漏洞被称为情感启发式(affect heuristic)。

这些已知的"真理"在不同的文化中各不相同,往往以幽默而矛盾的方式存在。正如詹宁斯所写的,"例如,在中国,人们普遍认为,坐在最近被别人屁股捂热的座位上会得痔疮"。另一方面,英国人把痔疮归因于坐在冰冷的地面上。但坐在同样冰冷的混凝土表面上,乌克兰妈妈会给你不同的教导:"这肯定会让你不育。"[50] 在穿越波斯尼亚的巴士旅行中,我们中的一个人(苏珊)在一辆没有空调的热得要命的巴士上敲碎了车窗,受到了责备。她想让车上的每个人都感冒吗?当我们听到另一种文化，比如波斯尼亚人对穿堂风的恐惧，我们会翻白眼；但当我们面对自己的母亲主义时，我们通常会变得防御。比如，作为美国人，你怎么敢告诉我们吃完饭就能游泳？

然而，事实证明，饭后一小时后再去游泳是缺乏充分理由的。Snopes网站进行了窥探，该网站幽默地揭穿了这一谬论，甚至承认事实无法说服每个人："至于那些在吃完饭后还会在一旁待上1个小时的孩子，他们至少应该庆幸，不是在古巴长大，在那里，父母坚信他们得待上3小时。"[51] 聪明的汉斯效应既出现在小巧有趣的"妈妈语"中，也表现为大型的、社会成本高昂的社会项目。

结语

对我来说，把握宇宙的本来面目，远比坚持妄想要好得多，不管妄想多么令人满足和安心。[52]

聪明的汉斯的故事需要每一代人重新讲述。聪明的汉斯的故事最近两次提及是在1981年托马斯·塞贝克（Thomas Sebeok）和罗伯特·罗森塔尔（Robert Rosenthal）撰写的纽约科学院的报告中，还有1984年道奇·弗纳尔德（Dodge Fernald）写了一篇题为《汉斯的遗产》（*The Hans Legacy*）的历史文章。弗纳尔德将聪明的汉斯的研究方法与西格蒙德·弗洛伊德在"小汉斯"临床案例中使用的方法进行了比较。本书延续了这一传统，与被称为"辅助沟通"的虚假干预中的方法进行了比较。

想想这本书里的两个长篇故事，聪明的汉斯和辅助沟通，和我们分享的七个短篇故事（数学天才狗，绘画大象，毒品和炸弹嗅探犬，现身说法，教育项目，"你的宝宝会阅读"视频，以及我们过分夸大的儿童绑架恐惧）有什么共同之处。它们都建立在流行的、善意的但却错误的信念之上。尽管证据确凿，却依然有许多人固执地相信这些信念。我们甚至知道人们如何欺骗自己——通过歪曲证据，我们继续相信我们想要相信的东西。这些故事还告诉我们，聪明的汉斯效应虽然有时很有趣，但也会导致真正的社会危害，比如儿童性虐待的虚假指控，将数百万美元浪费在虚假的社会项目上，以及无用的焦虑。聪明的汉斯的故事可能需要以多种方式向每一代人重述。

聪明的汉斯效应的普遍性是否意味着我们人类就束手无策，任由镜子里那个狡猾的生物摆布了？不。与其说我们无能为力，不如说我们困惑。我们之所以困惑，是因为我们还没有学会如何清晰地思考我们这个奇妙、复杂、神秘的世界。我们有理由保持乐观，因为大多数聪明的汉斯效应的例子都被人类的另一项发明——心理科学——揭露了本质，即人类自发的自我欺骗。因此，不要把"聪明的汉斯"归为无关紧要的陈旧心理范畴；不要将辅助沟通视为自闭症和类似情况患者的父母和教育者的问题。

心理科学仍然是一门年轻的科学，甚至连青少年都算不上。可以说，他现在只有150年的历史，而且在"聪明的汉斯"事件发生时，他才刚刚开始走路。

和所有人类一样，心理学家有时也会犯愚蠢的错误，误入自我欺骗，走几十年的弯路，陷入狭隘的学术文化，并被流行心理学的诱惑所迷惑。尽管如此，我们仍然对心理科学持乐观态度，因为将聪明的汉斯与辅助沟通联系起来,提醒我们,所有人都可以学会如何更清晰地思考。这位迷糊的校长,威廉·冯·奥斯滕,想要为科学做出持久的贡献。讽刺的是,通过失败,他成功了。他生动地提醒我们,我们的思维容易出错,从而导致我们犯下自欺欺人的错误。这就是为什么聪明的汉斯是永不消失的马,也是为什么我们不希望它消失的原因。

 **术语表**

事后解释给人的感觉似乎一切都是显而易见的,但只有在我们已经知道答案之后。

在知道奥斯滕是如何给他的马打信号之后,聪明汉斯的音乐品位(喜欢老歌)和能力(完美音高)其实是奥斯滕先生的能力,这一事实是十分显而易见的。

替代性解释提醒我们,观察到的结果通常有许多可能的原因——相信脑海中出现的第一种解释是不明智的。

除了视觉信号被证明是正确的解释之外,对聪明的汉斯的能力还有其他解释,比如真正的智力、思想传递和声音信号。辅助沟通的支持者忽略了将意识运动效应作为该技术明面上有效的另一种解释。

自闭症(自闭谱系障碍)是一种病症(现在正式称为自闭谱系障碍),其特征为两个主要方面的障碍:(1)社会交往障碍,包括喜欢独自玩耍和眼神交流障碍;(2)重复性/限制性行为障碍,包括专注于特定的物体和重复的奇怪动作,如拍手。

眼见为实描述了提前下定决心如何影响我们的感知。

如果你相信聪明的汉斯的能力,那么你就更有可能从"汉斯"时而昂首挺胸,时而直视赞美它的人的方式中感受到它非凡的智力。如果你相信辅助沟通技术是有效的,你就更有可能认为自闭症患者是在没有辅助人员帮助下独立打字的。

批判性思维(清晰的思维) 需要花费脑力来独立评估信息。

那些相信佐贝尔将军对聪明的汉斯的评价的人欺骗了自己,因为他们没有独立思考,没有考虑其他解释,也没有独立评估证据。

当我们因不相容的信念而经历心理紧张时,就会发生认知失调。

冯斯特的实验证明,当眼罩限制了聪明的汉斯的视力时,它的数学能力就消失了。在这之后,奥斯滕试图保持对聪明的汉斯的智力的信念,他经历了认知失调。

确认偏误 指的是我们倾向于只感知支持我们已有信念的证据,而忽略或忽视与我们的信念不相符的证据。

眼罩实验证明聪明的汉斯的确被信号所暗示之后,奥斯滕先生拒绝让冯斯特和斯顿普夫再进行任何实验,因为正如他在笔记中所写的,这些实验的唯一目的是"证实"奥斯滕先生已经相信的东西。

辅助沟通的支持者经常寻找任何似乎支持该技术的证据,比如一些零散的成功沟通的案例报告,而忽视或拒绝了来自对照研究的海量证据,这些证据表明,辅助沟通是无效的。

发育障碍 被认为是一种运动异常,有人认为这种异常会阻碍自闭症患者独立打字。这种异常现象尚未得到实证证实,但它证明了需要一个辅助者来稳定患者的手和手臂的运动。

超感官知觉(ESP),即发生在既定感官之外的知觉,是对聪明的汉斯能力的一种可能解释。

奥斯滕先生让超感官知觉的信徒们失望了,因为他坚持认为聪明的汉斯是一匹聪明的马,其他动物也可以用类似的方法训练。

辅助沟通是代表没有语言能力者的无支持交流干预;当人们的手指停留在字母板或键盘上时,训练有素的辅助者理应可以稳定他们的预期动作。

辅助沟通不能使自闭症和其他残疾的人自主交流;沟通来自于辅助者,辅助者并没有意识到自己正在进行沟通。

假阳性与假阴性出现在你得到不准确的信息时,比如你没有怀孕但怀孕检测结果呈阳性(假阳性),或者你真的怀孕了却怀孕检测结果呈阴性(假阴性)。

关于聪明的汉斯和辅助沟通的早期信息充斥着误报;例如,聪明的汉斯不会加分数或计算平方根。

证伪原则是由哲学家卡尔·波普尔爵士提出的,他提出存在一个理论无法证明为真,但可以被证明为假。

奥斯滕先生对聪明的汉斯能力的论证似乎很有说服力,直到奥斯卡·冯斯特的实验证明这些演示是虚假的。辅助沟通在许多使用者看来似乎是可信的,但严格的实验却令人信服地驳斥了这一说法。

健康的怀疑主义是一种开放的态度,它依赖于批判性思维,不愿仅仅因为观点流行或看起来合理就对其表示赞同。

心理学家卡尔·斯顿普夫和奥斯卡·冯斯特从一开始就对聪明的汉斯持怀疑态度,但在排除所有其他解释之前,他们仍然愿意暂缓作出判断。当研究者对"辅助沟通"进行实验测试时,他们表现出一种健康的怀疑态度,这种态度有利于他们能够确定该技术到底是成功还是失败。

事后偏误也被称为"我早就知道"偏差,因为它描述了我们错误地认为我们可以提前预测某事的倾向。

就像事后解释一样,事后偏误让我们相信,如果我们在1904年夏天身处德国柏林,我们不会自欺欺人地相信聪明的汉斯的存在。回想起来,我们很多人可能会对自己说,"我绝不会被辅助沟通所愚弄",但这种"后见之明"很容易出错。

意念运动效应是指我们的思想(观念)在不知不觉中影响我们行动的一种现象。

这种效应是辅助沟通、占卜板、显灵和许多其他现象的机制,甚至可以欺骗高智商的人。

错觉相关描述了一种错误的认知,即两件事在统计上是相互关联的,通常是因为它们发生在同一时间。

问聪明的汉斯一个问题,然后看着它用蹄子敲击出相应的答案,似乎是问题和答案之间的一种关联,表明它真正地理解了问题——但这是一种错误的感知。

直觉指的是一种在不知道我们是如何知道的情况下了解事物的一种方式。

席林斯教授最初对聪明汉斯持怀疑态度,但在这匹马正确回答了他的问题后,直觉令他转而成为了信徒;在观察到冯思特的实验结果后,证据又再一次改变了他的想法。

排除法是系统地检验各种解释的过程,目的是发现哪一种解释符合证据。

冯斯特还计划测试聪明的汉斯是否收到了声音信号,但视觉信号测试的一系列实验非常令人信服,奥斯滕禁止他再进行任何实验。

思维漏洞是一个统称,指的是导致我们出现系统性的感知错误或是思维错误的那些错误信念。

确认偏误可能是诸如"眼见为实""固执己见""事后偏误"和"错觉相关"等较小的思维错误的根源;这些都导致人们误以为聪明的汉斯足够聪明,可以心算复杂的算术,尽管它只是一匹饥饿的马。也导致人们误以为"辅助沟通"项目是有效的,尽管对照研究证明事情并非如此。

天真现实主义假设我们感知的世界是真实的(也称直接现实主义),而不是更心理学的观点,即我们对世界的内在表征做出反应(间接现实主义)。

聪明的汉斯的故事体现了间接的现实主义,因为聪明的汉斯看起来是真的(马可以解决复杂的数学问题),但事实并非如此。对辅助沟通的许多倡导者来说,辅助沟通似乎是有效的,因为辅助者亲眼观察到自闭症患者成功地打字。

简约原则描述了科学解释的目标,即用极其简单的理论解释大量的证据;例如"吝啬鬼"是一个极端的便宜货猎手,因为她或他想用很少的钱得到很多。

奥斯卡·冯斯特(Oskar Pfungst)对聪明的汉斯的表象能力给出了一个简洁的解释,他得出的结论是,这些能力是由简单的视觉信号引起的,而不是由神秘的思想传递或复杂的认知能力层引起的。

颅相学是通过分析头部的凹凸检测心理特征。

在"聪明的汉斯"事件发生时,颅相学在科学上已经受到质疑,但奥斯滕先生的热情促使他保存了他训练的第一只马的头骨,这匹马在他展示出来之前就死了。

事后解释是指只有在我们知道是什么导致了某种特定效果后,才变得显而易见的事后的解释。

在知道聪明的汉斯是通过视觉线索发出信号后,就很容易解释马的分数加法能力不是真的。在实验研究证明辅助沟通不起作用后,一些倡导者坚持认为,自闭症患者反复在对照测试中失败,只是因为他们紧张。

存在主义是一种知觉偏差,当我们试图通过现在的经验来解释过去的事件时,就会出现这种偏差。

根据我们目前对动物智力的了解,如果我们当时在场,似乎不太可能相信聪明的汉斯的存在,但我们那时所知道的和我们今天所知道的东西不一样。

最小惊讶原则和简约原则一样,是一种描述科学目标的方法,即创造尽可能简单的解释——且要简单得不能再简单。

快速提示是促进交流的一个小变体,在自闭症患者打字时,辅助者会移动键盘或字母板。

冰箱妈妈,即极度冷漠、不关心孩子的母亲,曾经被一些学者认为是导致自闭症的主要原因。

这一假说,以及其他关于自闭症的社会心理解释,后来都遭到了质疑。

回归均值是一种统计现象,随着时间的推移,极端分数往往变得不那么极端。

这可能导致观察者被无效的干预措施所欺骗,例如辅助沟通。例如,父母可能会让他们的自闭症儿童在症状最严重的时候接受治疗;因此,即使是无效的干预(如辅助沟通)也似乎会对孩子的症状产生影响。

排除是在进行医学或心理诊断时经常使用的术语,涉及系统地排除可能的解释。

奥斯卡·冯斯特系统地排除了对聪明的汉斯明显的能力的其他解释,直到剩下唯一的解释就是这匹马对某种视觉信号做出了反应。

塑造描述了通过奖励导致某种行为的中间步骤来影响行为的渐进过程。

奥斯滕无意中塑造了聪明的汉斯的行为,他先是奖励马抬起蹄子,然后抬起蹄子用爪子刨地,然后多次刨地,如此反复。

自发的自我欺骗强调,自我欺骗可以在没有故意欺骗意图的情况下发生。

关于聪明的汉斯的困惑是自然产生的;没有人想要赚钱,也没有人想要欺骗他人相信聪明的汉斯。几乎可以肯定的是,辅助者说服了自己,自闭症患者正在打字,而他们在打字过程中没有直接作用。

心灵感应(或思维传递)指的是通过心灵思想传递进行的交流,这种交流目前尚未被证实是可能的。

历史学家道奇·费尔纳尔德(Dodge Fernald)断言,西格蒙德·弗洛伊德(Sigmund Freud)对聪明的汉斯案例中心灵感应的可能性很感兴趣,并鼓励他的一位朋友对此进行观察并撰写相关文章。

"德州神枪手谬论"是对事后解释偏差的一个描述性名称,它将事后解释比作神枪手先在谷仓墙壁上打洞,然后在洞周围画靶圈。

席林斯教授像德克萨斯的神枪手一样,犀利地指出前后倾斜这两个视觉线索,但这发生在冯斯特的实验之后,实验说服他相信视觉线索是聪明的汉斯彰显能力的原因。

知情和**不知情**描述了当某种能力表现比较明显时,测试是否存在某种信号发出的实验条件。在"知情"的条件下,冯·奥斯滕先生可以看到一张卡片,上面写着聪明的汉斯应该敲打蹄子多少次,在"不知情"的情况下,冯·奥斯滕看不到卡片上写着"聪明的汉斯"应该用蹄子敲多少次。

 注 释

引言

1. Fine, C. (2006). A mind of its own: How your brain distorts and deceives. New York: W. W. Norton. See also VanLehn, K. (1990). Mind bugs: The origins of procedural misconceptions. Cambridge, MA: MIT Press.
2. National Weather Service. (2005). Hurricane watch—Inland safety. Retrieved from http://tinyurl.com/msyx7d3
3. Lilienfeld, S. O., Lynn, S. J., Namy, L., & Woolf, N. (2013). Psychology: From inquiry to understanding. Boston: Allyn & Bacon.

第一章

1. Fernald, D. (1984). The Hans legacy. Hillsdale, NJ: Erlbaum. See also Sanford, E. (1914). Psychic research in the animal field: Der Kluge Hans and the Elberfeld horses. American Journal of Psychology, 25, 1–31.
2. Pfungst, O. (1911). Clever Hans (the horse of von Osten). New York: Henry Holt, p.13.
3. Sanford, E. C. (1914). Psychic research in the animal field, The American Journal of Psychology, XXV, 1, p.2.
4. Fernald, The Hans legacy: A story of science. Hillsdale, NJ: Erlbaum, p.41.
5. Hochschild, A. (2011). To end all wars: A story of loyalty and rebellion, 1914–1918. Boston: Houghton Mifflin Harcourt, pp.41, 367.
6. Ibid., p.142.
7. Pfungst, Clever Hans, p.38.
8. Ibid., p.25.
9. Schillings, C. G. (1905). With flashlight and rifle. New York: Harper &

Brothers, p. 47.
10. Pfungst, Clever Hans, p. 18.
11. Ibid., p. 25.
12. Fernald, The Hans legacy, p. 30.
13. Lilienfeld, S. O., Lynn, S. J., Ruscio, J., & Beyerstein, B. L. (2010). The five great myths of popular psychology: Implications for psychotherapy. In D. David, S. J. Lynn, & A. E. Ellis (Eds.), Rational and irrational beliefs: heinzen_notes_v3.indd 119 11/19/
14. Research, theory, and practice (pp. 313 – 338). New York: Oxford University Press. 14Pfungst, Clever Hans, p. 246.
15. Ibid., pp. 248 – 249.
16. Fernald, The Hans legacy, p. 213. See also Jones, E. (1957). The life and work of Sigmund Freud (Vol. 3). New York: Basic Books.
17. Pfungst, Clever Hans, p. 71.
18. Ibid., p. 90.
19. Ibid.
20. Ibid.
21. Ibid., 31.
22. Ibid., p. 202.
23. Ibid.
24. Ibid., p. 60.
25. Ibid., p. 1.
26. Ibid., p. 63.
27. Ibid., p. 91.
28. Ibid., p. 103.
29. Ibid., p. 235.
30. Ibid., p. 24.
31. Ibid., p. 57.
32. Ibid., p. 13.
33. Ibid.
34. Ibid., p. 228.
35. Ibid., p. 41.
36. Maeterlinck, M. (2008/ 1914). Clever Hans and the Elberfeld horses. (Equestrian Wisdom and History Series). The Long Riders' Guild Press, p. 32.
37. Fernald, The Hans legacy, p. 198.

38. Ibid., p.195.
39. Zusne, L. (1984). Biographical dictionary of psychology. Westport, CT: Greenwood Press.
40. Maeterlinck, Clever Hans and the Elberfeld horses.
41. Griffith, A. C. (June 14, 2003). Richmond then and now: Index of Lady Wonder items. Retrieved from http://richmondthenandnow.com/Lady-Wonder-Index.html heinzen_notes_v3.indd 120 11/19/14 3:03 PM
42. Gardner. M. (1952). In the name of science. Mineola, NY: G. P. Putnam's Sons.
43. Kavoor, A. T. (1998). Begone godmen: Encounters with spiritual frauds. Mumbai, India: Jacob Publishing House.

第二章

1. Kanner, L. (1943). Autistic disturbances of affective contact. Nervous Child, 2, 217–250.
2. Ibid., p.218.
3. Asperger, H. (1944). Die "autistischen psychopathen" im kindesalter [Autistic psychopathology in childhood]. European Archives of Psychiatry and Clinical Neuroscience, 117, 76–136.
4. American Psychiatric Association. (2013). Diagnostic and statistical manual of mental disorders (5th ed.). Washington, DC: Author.
5. Kanner, L. (1943). Autistic disturbances of affective contact. Nervous Child, 2, p.217–250.
6. See Boushéy, A. (2004). Parent to parent: Information and inspiration for parents dealing with autism or Asperger's syndrome. London: Kingsley Publishers, p.35.
7. Bettelheim, B. (1967). The empty fortress. New York: Simon & Schuster.
8. Hertz-Picciotto, I., Croen, L. A., Hansen, R., Jones, C. R., van de Water, J., & Pessah, I. N. (2006). The CHARGE study: An epidemiologic investigation of genetic and environmental factors contributing to autism. Environmental Health Perspectives, 114, 1119–1125.
9. Dawson, G. (2013). Dramatic increase in autism prevalence parallels explosion of research into its biology and causes. JAMA Psychiatry, 70, 9–10.
10. Virués-Ortega, J. (2010). Applied behavior analytic intervention for autism in early childhood: Meta-analysis, meta-regression and dose-response meta-

analysis of multiple outcomes. Clinical Psychology Review, 30, 387 - 399.
11. Romanczyk R. G., Arnstein, L., Soorya, L., & Gillis, J. (2003). The myriad of controversial treatments for autism: A critical evaluation of efficacy. In Lilienfeld, S. O., Lynn, S. J., & Lohr, J. M. (Eds.), Science and pseudoscience in clinical psychology (pp. 363 - 395). New York: Guilford Press.
12. Miller, L. K. (1999). The savant syndrome: Intellectual impairment and exceptional skill. Psychological Bulletin, 125, 31 - 46.
13. Lilienfeld, S. O., Lynn, S. J., Ruscio, J., & Beyerstein, B. L. (2010). The five great myths of popular psychology: Implications for psychotherapy. In D. David, S. J. Lynn, & A. E. Ellis (Eds.), Rational and irrational beliefs: Research, theory, and practice (pp. 313 - 338). New York: Oxford University Press.
14. Chabris, C., & Simons, D. J. (2010). The invisible gorilla: And other ways our intuitions deceive us. New York: Random House.
15. Patihis, L., Ho, L. Y., Tingen, I. W., Lilienfeld, S. O., & Loftus, E. F. (2013). Are the "memory wars" over? A scientist-practitioner gap in beliefs about repressed memory. Psychological Science, 25, 519 - 530. doi: 10. 1177/0956797613510718
16. Lilienfeld, S. O. (2012). Public skepticism of psychology: Why many people perceive the study of human behavior as unscientific. American Psychologist, 67, 111 - 129.
17. Herbert, J. D., Sharp, I. R., & Gaudiano, B. A. (2002). Separating fact from fiction in the etiology and treatment of autism. Scientific Review of Mental Health Practice, 1, 25 - 40.
18. Jacobson, J. W., Mulick, J. A., & Schwartz, A. A. (1995). A history of facilitated communication: Science, pseudoscience, and antiscience science working group on facilitated communication. American Psychologist, 50, 750 - 765.
19. Ibid.
20. Biklen, D. (1990). Communication unbound: Autism and praxis. Harvard Educational Review, 60, 291 - 315.
21. Ibid.
22. Green, G. (1994). Facilitated communication: Mental miracle or sleight of hand? Skeptic, 2(3), 68 - 76.

23. Kaplan, R. (Producer). (1992, January 25, 1992). Primetime Live. New York: ABC. Quoted in Palfreman, J. (Producer). (1993, October 19). Prisoners of silence [Televiseries episode]. Frontline. New York: WNET. Retrieved from http://tinyurl.com/bj52lje.
24. Palfreman, J. (Producer). (1993, October 19). Prisoners of silence [Televiseries episode]. Frontline. New York: WNET. Retrieved from http://tinyurl.com/bj52lje.
25. Ibid.
26. Ibid.
27. Bedward, Roy. "Please Listen to My Heart." GLIMPSE, 2007. Reprinted with permission from ICDL.
28. Marvin, U. B. (1985). The British reception of Alfred Wegener's continental drift hypothesis. Earth Sciences History, 4, 138–159.
29. Dawes, R. M. (1994). House of cards: Psychology and psychotherapy built on myth. New York: Free Press.
30. Valenstein, E. S. (1986). Great and desperate cures: The rise and decline psychosurgery and other radical treatments for mental illness. New York: Basic Books.
31. Jacobson, J. W., Mulick, J. A., & Schwartz, A. A. (1995). A history of facilitated communication.
32. Lilienfeld, S. O. (2005). Scientifically unsupported and supported interventions for childhood psychopathology: A summary. Pediatrics, 115, 761–764. See also Mostert, M. (2001). Facilitated communication since 1995: A review of published studies. Journal of Autism and Developmental Disorders, 31, 287–313.
33. Jacobson, J. W., Mulick, J. A., & Schwartz, A. A. (1995). A history of facilitated communication: Science, pseudoscience, and atiscience. (Science Working Group on facilitated communication). American Psychologist, 50, 750–765.
34. Mostert, M. Facilitated communication since 1995.
35. Meehl, P. E. (1967). Theory-testing in psychology and physics: A methodological paradox. Philosophy of Science, 34, 103–115.
36. Spitz, H. H. (1997). Nonconscious movements: From mystical messages to facilitated communication. Mahwah, NJ: Erlbaum.
37. Hochschild, A. (2011). To end all wars: A story of loyalty and rebellion,

1914 – 1918. Boston: Houghton Mifflin Harcourt, p. 222.
38. Spitz, Nonconscious movements. See also Wegner, D. M. (2002). The illusion of conscious will. Cambridge, MA: MIT Press.
39. Easton, R. D., & Shor, R. E. (1976). An experimental analysis of the Chevreul pendulum illusion. The Journal of General Psychology, 95, 111 – 125.
40. Wegner, D. M., Fuller, V. A., & Sparrow, B. (2003). Clever hands: Uncontrolled intelligence in facilitated communication. Journal of Personality and Social Psychology, 85, 5 – 19.
41. Palfreman, J., Prisoners of silence.
42. Wisely, J., & Brasier, L. L. (2010, December 12). Dad's arrest in sex case results in $1.8 M settlement. Freep. com. Retrieved from http://www.deborahgordonlaw.com/Practice-Areas/Media-Coverage/Dads-arrestin-sex-case-results-in-1-8M-settlement.shtml
43. Autism Society. (2014). Living with autism: Information for child abuse counselors. Retrieved from http://www.autism-society.org/files/2014/04/Child_Abuse_Counselors.pdf
44. Palfreman, J., Prisoners of silence.
45. Mostert, M. Facilitated communication since 1995.
46. Rimland, B. (2005). Facilitated communication: Its rise and fall. Autism Research Institute, 19(2). Retrieved from http://legacy.autism.com/ari/editorials/ed_risefallfaccomm.htm
47. Green, V. A., Pituch, K. A., Itchon, J., Choi, A., O'Reilly, M., & Sigafoos, J. (2006). Internet survey of treatments used by parents of children with autism. Research in Developmental Disabilities, 27(1), 70 – 84.
48. Genzlinger, N. (2011, March 31). Traveling with autism. New York Times. Retrieved from http://www.nytimes.com/2011/04/01/movies/wretches-jabberers-a-documentary-on-autism-review.html?_r=0.
49. Syracuse.com (February 28, 2012). Syracuse University education school dean to be honored in Kuwait. Retrieved from http://www.syracuse.com/news/index.ssf/2012/02/syracuse_university_education.html
50. Miles, K. (2012). Jacob Arson, LA teen with autism, communicates through typing. Huffington Post. Retrieved from http://www.huffingtonpost.com/2012/01/12/jacob-artson-teen-autism-typing_n_1184950.html
51. New York Post (2009, November 23). Awake through a 23-year 'coma'. Retrieved from http://nypost.com/2009/11/23/awake-through-a-23-year-

coma/
52. Watts, A. (2009, November 23). Man trapped in 23-year "coma" was conscious. Retrieved from http://news.sky.com/story/740302/man-trapped-in-23-year-coma-was-conscious
53. Boudry, M., Termote, R., & Betz, W. (2010). Fabricating communication. Skeptical Inquirer, 34, 4.
54. Todd, J. T. (2012). The moral obligation to be empirical: Comments on Boynton's "Facilitated Communication—What harm it can do: Confessions of a former facilitator." Evidence-Based Communication Assessment and Intervention, 6, 36–57.
55. Stubblefield, A. (2011). Sound and fury: When opposition to facilitatecommunication functions as hate speech. Disability Studies Quarterly, 31(4). Retrieved from http://dsq-sds.org/article/view/1729/1777
56. Boynton, J. (2012). Facilitated communication—What harm it can do: Confessions of a former facilitator. Evidence-Based Communication Assessment and Intervention, 6, 3–13.

第三章

1. Lilienfeld, S. O., Ammirati, R., & David, M. (2012, February). Distinguishing science from pseudoscience in school psychology: Science and scientific thinking as safeguards against human error. *Journal of School Psychology*, 50(1), 7–36.
2. Lilienfeld, S. O. (2005). The 10 commandments of helping students distinguish science from pseudoscience in psychology. APS Observer, 18(9), 39–40.
3. Darwin, C. (1887/2010). The autobiography of Charles Darwin. London: Bibliolis Books, p.83.
4. Dennett, D. (1995). Darwin's dangerous idea. New York: Simon & Schuster, p.21.
5. Darwin, C. (1869). On the origin of species by means of natural selection (5th ed.). London: John Murray, p.579.
6. Reuters. (2012, December 8). Chinese dog is "math genius," according to owner. The Telegraph. Retrieved from http://www.telegraph.co.uk/news/newsvideo/weirdnewsvideo/9731570/Chinese-dog-is-maths-genius-according-to-owner.html

7. Retired Marine Brad O'Keefe reunites with Earl, the bomb-sniffing dog that saved his life. (2013, July 1). Huffington Post. Retrieved from http://www.huffingtonpost.com/2013/07/01/brad-okeefe-earl_n_3529943.html
8. Ibid.
9. Mesloh, C., Wolf, R., & Henych, M. (2002). Scent as forensic evidence and its relationship to the law enforcement canine. Journal of Forensic Identification, 52(2), 169–182.
10. NSW Ombudsman. (2006). Review of the Police Powers (Drug Detection Dogs) Act 2001. Retrieved from http://www.ombo.nsw.gov.au/__data/assets/pdf_file/0020/4457/Review-of-the-Police-Powers-Drug-Detection-Dogs-Part-1_October-2006.pdf
11. Hinkel, D., & Mahr, J. (2011, January 6). Tribune analysis: Drug-sniffing dogs in traffic stops often wrong. Chicago Tribune. Retrieved from http://articles.chicagotribune.com/2011-01-06/news/ct-met-canine-officers-20110105_1_drug-sniffing-dogs-alex-rothacker-drug-dog
12. Lit, L., Schweitzer, J. B., & Oberbauer, A. M. (2011). Handler beliefs affect scent detection dog outcomes. Animal Cognition, 14(3), 387–394.
13. Ibid., p.392.
14. Robinson, L. O., & J. Slowikowski. (2011, January 31). Scary—and ineffective. The Baltimore Sun. Retrieved from http://articles.baltimoresun.com/2011-01-31/news/bs-ed-scared-straight-20110131_1_straight-type-programs-straight-program-youths
15. Petrosino, A., Turpin-Petrosino, C., & Finckenauer, J. O. (2000). Wellmeaning programs can have harmful effects! Lessons from experiments of programs such as Scared Straight. Crime & Delinquency, 46(3), 354–379. See also Petrosino, A., Turpin-Petrosino, C., Hollis-Peel, M. E., & Lavenberg, J. G. (2013, April 30). Scared Straight and other juvenile awareness programs for preventing juvenile delinquency. The Cochrane Library. Retrieved from http://onlinelibrary.wiley.com/doi/10.1002/14651858.CD002796.pub2/pdf
16. Finckenauer, J. O. (1982). Scared straight and the panacea phenomenon. Englewood Cliffs, NJ: Prentice-Hall.
17. U.S. Department of Justice. (2011, March/April). Justice Department discourages the use of "Scared Straight" programs. Retrieved from https://www.ncjrs.gov/html/ojjdp/news_at_glance/234084/topstory.html

18. Robinson, L. O., & J. Slowikowski, Scary—and ineffective.
19. Hecht, M. L., Colby, M., & Miller-Day, M. (2010). The dissemination of keepin' it REAL through D. A. R. E.: A lesson in disseminating health messages. Health Communications, 25, 585–586.
20. Schüz, N., Schüz, B., & Eid, M. (2013). When risk communication backfires: Randomized controlled trial on self-affirmation and reactance to personalized risk feedback in high-risk individuals. Health Psychology, 32, 561–570.
21. Ennett, S. T., Tobler, N. S., Ringwalt, C. L., & Flewelling, R. L. (1994). How effective is drug abuse resistance education? A meta-analysis of Project DARE outcome evaluations. American Journal of Public Health, 84, 1394–1401, p.1398.
22. Ibid., p.1399.
23. Ibid., p.1399.
24. West, S. L., & O'Neal, K. K. (2004). Project D. A. R. E. outcome effectiveness revisited. American Journal of Public Health, 94, 1027–1029.
25. Singh, R. D., Jimerson, S. R., Renshaw, T., Saeki, E., Hart, S. R., Earhart, J., & Stewart, K. (2011). A summary and synthesis of contemporary empirical evidence regarding the effects of the Drug Abuse Resistance Education Program (D. A. R. E.). Contemporary School Psychology, 15, 93–102.
26. Hansen, I. (2012). D. A. R. E.: The message and the messenger—Perspectives of the officer. Dissertation Abstracts International Section A: Humanities and Social Sciences, 72, 4789.
27. Birkeland, A., Murphy-Graham, E., & Weiss, C., (2005). Good reasons for ignoring good evaluation: The case of the drug abuse resistance education (D. A. R. E.). Education and Program Planning, 28, 247–256.
28. Federal Trade Commission (FTC). (2012, August 28). Ads touting "Your Baby Can Read" were deceptive, FTC complaint alleges. Retrieved from http://www.ftc.gov/news-events/press-releases/2012/08/ads-touting-your-baby-can-read-were-deceptive-ftc-complaint
29. Your Baby Can Read infomercial. Retrieved from http://www.youtube.com/watch?v=2qoqs-GeBj0
30. FTC, Ads touting "Your Baby Can Read."
31. Ibid.

32. Fass, P. (2010). Child kidnapping in America. Origins: Current Events in Historical Perspective, 3. Retrieved from http://origins. osu. edu/article/child-kidnapping-america
33. Ibid.
34. Ibid.
35. Finkelhor, D., Hammer, H., & Sedlak, A. J. (2002). Nonfamily abducted children: National estimates and characteristics. Washington, DC: National Incidence Studies of Missing, Abducted, Runaway, and Throwaway Children, Office of Juvenile Justice and Delinquency Prevention, U. S. Department of Justice. Retrieved from https://www. ncjrs. gov/html/ojjdp/nismart/03/
36. Childstats. gov. POP1: Child population. (2013) Retrieved from http://www. childstats. gov/americaschildren/tables/pop1. asp
37. Stickler, G. B., Salter, M., Broughton, D. D., & Alario, A. (1991). Parents' worries about children compared to actual risks. Clinical Pediatrics, 30 (9), 522 – 528.
38. Fass, Child kidnapping in America.
39. National MCH Center for Child Death Review. United States: Child mortality, 2010. (2013) Retrieved from http://www. childdeathreview. org/nationalchildmortalitydata. htm
40. Centers for Disease Control and Prevention. (2012, April 20). Vital signs: Unintentional injury deaths among persons aged 0 – 19 years—United States, 2000 – 2009. Morbidity and Mortality Weekly Report (MMWR), 61(15), 270 – 276. Retrieved from http://www. cdc. gov/mmwr/preview/mmwrhtml/mm6115a5. htm?s_cid=mm6115a5_w
41. American Childhood Cancer Organization. Childhood cancer statistics. (2014) Retrieved from https://www. acco. org/Information/AboutChildhoodCancer/ChildhoodCancerStatistics. aspx
42. Fass, Child kidnapping in America.
43. Bilich, K. A. (2014). Child abduction facts. Parents. com, Retrieved from http://www. parents. com/kids/safety/stranger-safety/child-abduction-facts/
44. Ibid.
45. Hoyert, D. L., & Xu, J. (2012, October 10). Deaths: Preliminary data for 2011. National Vital Statistics Reports, 61(6). Retrieved from http://www. cdc. gov/nchs/data/nvsr/nvsr61/nvsr61_06. pdf
46. Heath, C., & Heath, D. (2007). Made to stick: Why some ideas survive and

others die. New York: Random House.
47. Best, J. (2012). Halloween sadism: The evidence. Retrieved from http://www.udel.edu/soc/faculty/best/site/halloween.html
48. Ibid.
49. Jennings, K. (2013, January 22). Is your electric fan trying to kill you? Slate. Retrieved from http://www.slate.com/articles/life/forheinzen_notes_v3.eigners/2013/01/fan_death_korean_moms_think_that_your_electric_fan_will_kill_you.single.html
50. Ibid.
51. Snopes.com. Hour Missed Brooks. (April 2012) Retrieved from http://www.snopes.com/oldwives/hourwait.asp
52. Sagan, C. (1997). The demon-haunted world: Science as a candle in the dark. New York: Ballantine Books.